Liesa Willms

Mops - Pekingesen - Rassehunde - Verband e.V.

WERRE - VERLAG

Liesa Willms

Der Mops
im Wandel des MPRV

Mops – Pekingesen – Rassehunde – Verband e.V.

WERRE-VERLAG

IMPRESSUM

Hauptgeschäftsstelle
Am Pastorenholz 26 · 32584 Löhne
Tel. 0 57 32 / 89 11 21
Fax 0 57 32 / 98 39 50
www.MPRV.de

Gesamtherstellung:
Werbeagentur W. Böttger KG
Alter Postweg 172
32549 Bad Oeynhausen

Printed in Germany 2003

ISBN 3-00-011935-3

VORWORT

Gott wünscht, dass wir den Tieren beistehen,
wenn sie der Hilfe bedürfen. Ein jedes Wesen
in Bedrängnis hat gleiches Recht auf Schutz.
Alle Geschöpfe der Erde fühlen wie wir,
alle Geschöpfe streben nach Glück wie wir.
Alle Geschöpfe der Erde lieben, leiden und sterben
wie wir, also sind sie uns gleich gestellte
Werke des allmächtigen Schöpfers – unsere Brüder.

Franziskus von Assisi

(1182–1226, Heiliger, Gründer des Franziskaner-Ordens)

Ein kurzer Abriss des Inhalts

Der Mops-Pekingesen-Rassehunde-Verband e.V. (MPRV)

Wir schrieben das Jahr 2000, als einigen Züchtern bewusst wurde, dass Möpse ihres „Zwingers" gesundheitliche Mängel aufwiesen. Sie beschlossen, einen Weg einzuschlagen, der in der Züchtung dieses Rassehundes neue Maßstäbe setzen sollte.

An dieser Stelle erkläre ich einmal, was das Wort „Zwinger" bedeutet. Es ist nicht etwa so, dass Sie bei einem Züchter einen Zwinger, im üblichen Sinn des Wortes, vorfinden.

Jede Person, die sich auf die Zucht eines Rassehundes konzentriert, betreibt einen so genannten „Zwinger". Dafür sucht sich der Züchter nach seinen eigenen Vorstellungen einen Namen aus, meldet ihn bei einem Hundeclub und beantragt gleichzeitig, diesen Namen zu schützen (Zwingerschutz). Mit sofortiger Wirkung kann kein anderer Züchter dieses Vereines den gleichen Namen noch einmal für sich beanspruchen. Jeder Hund, der nun bei diesem Züchter geboren wird, bekommt einen Abstammungsnachweis (Ahnentafel oder -pass), in dem der Welpe als Haus- oder Zunamen den Zwingernamen seines Züchters trägt. Ich wurde so oft befragt, was es mit dem „Zwinger" oder „Zwingernamen" so auf sich hat, dass ich Ihnen dieses Geheimnis nun einmal verraten habe und komme damit wieder auf den ersten Absatz dieses Kapitels zurück.

Ein einjähriger Mops mit Schnauze, der im MPRV e.V. gezüchtet wurde.

Nachdem einige, wenige Züchter die Gesundheitsmängel ihrer Hunde erkannt hatten, wollten sie diese Erkrankungen nicht mehr hinnehmen. So geschah es, dass man in deren Zwingern Hunde vorfand, die ein von europäischen Mopszüchtern verpöntes Merkmal, nämlich eine vorstehende und freiliegende Nase, aufwiesen.

Hätten sich diese Züchter nun an dem „Rassestandard", der einen Mops als rundköpfig und plattschnäuzig vorschreibt, orientiert, so wären derartig verunstaltete Möpse sofort als zur Zucht völlig ungeeignet abgeschrieben worden. In den Augen einiger bedeutender Zuchtverbände besaßen diese Züchter jedoch die Unverschämtheit, diese Möpse zu verpaaren und damit Welpen aufzuziehen, die zunächst sowohl plattschnäuzig als auch langnasig waren. Da nun aber gerade die „Langnasen" die bevorzugten Möpse jener Züchter waren, verpaarte man diese wiederum miteinander und stellte in dieser zweiten Generation schon fest, dass nur noch sehr vereinzelt kurzschnäuzige Welpen in den Würfen zu finden waren. Zeitgleich suchte man im europäischen Ausland nach gleich gearteten Möpsen, was sich als ein aufwändiges, kostenintensives und nervenaufreibendes Unterfangen erwies.

Wie oft musste mancher unverrichteter Dinge wieder nach Hause fahren und hatte nicht einen Mops bei sich, der seinen Vorstellungen entsprach. Doch manchmal, gerade in den osteuropäischen Ländern, wurde man fündig, kreuzte diese Hunde ein und so wurde ein Mops kreiert, der eine kleine Schnauze vorwies.

Längst war zu dieser Zeit, die sich noch in Tagen zurückzählen lässt, bekannt, dass der kurzschnäuzige Mops alles andere als gesund war [1].

Ein Mops aus dem Jahr 1943. Seine Schnauze ist vorbildlich für Züchter unseres Verbandes

Züchter unterhielten sich hinter vorgehaltener Hand miteinander über die krankhaften Auswüchse in der Mopszucht. Gleichzeitig wurde in geheimer Mission über die Zukunft der neu gestalteten Möpse spekuliert. Es stand ein dickes Fragezeichen über den Zuchten dieser Initiatoren, denn, würde der Welpenkäufer einen solchen, im Erscheinungsbild veränderten Hund annehmen oder als Hausgenossen wünschen?

Es geschah das Unfassbare für alle bis dahin führenden Zuchtverbände. Die Möpse fanden einen erstaunlichen Anklang bei den Erwerbern. Nun meldeten sich Züchter bei uns, die damit liebäugelten, ihre Möpse gegen jene Vorschriften, die den Rassestandard dieser Hunde bis heute ausmachen, zu verändern.

Um diese „Zweifler"zu ermutigen, setzten wir uns Ende 2001 mit der Mopszüchterin Anja Schwalbe, deren Möpse unter dem Zwingernamen „of fanny faces" bekannt sind, und

[1] *vgl. Kapitel Qualzucht – Brachyzephalie*

sieben weiteren mopsbegeisterten Personen zusammen, um einen neuen Hundeclub zu gründen, in dem ausschließlich „Langnasen" das Zuchtziel ausmachen sollten. Da in unserem Zwinger „von Khan of Peking" zu dieser Zeit auch Pekingesen gezüchtet wurden, nannte man sich

MOPS-PEKINGESEN-RASSEHUNDE-VERBAND (MPRV)

Ausschlaggebend für die Namensgebung war jedoch nicht, dass wir selber Pekingesen züchteten, sondern wir entschieden uns, diese im MPRV mitzubetreuen, da beide Rassen dem Ursprung nach sehr eng miteinander verwandt sind. Nicht zuletzt zählen die Pekingesen leider auch zu den Hunden, die rundköpfig, und entsprechend mit den damit einhergehenden Krankheiten, behaftet sind. Auch bei den plattschnäuzigen Pekingesen möchte der MPRV darauf einwirken, dass diese zukünftig mit kleinen Schnauzen versehen, die Welt erschnüffeln können.

Wir haben unseren MPRV dann beim hiesigen Amtsgericht in das zuständige Register eintragen lassen und durften nun den Zusatz e.V. führen (eingetragener Verein). Gleichzeitig erwirkten wir, dass man den MPRV e.V. als gemeinnützig anerkannte.

Kurz nachdem wir den MPRV e.V. in die Welt gerufen hatten, kam Claudia Lampe zu dem Entschluss, sich uns mit ihrem Pekingesenzwinger „vom Löwenpalast" anzuschließen.

Dann ging es plötzlich Schlag auf Schlag und wir zählten immer mehr Züchter und natürlich auch Mitglieder, die sich voll hinter die gute Sache stellten. Es waren nicht wenige gestandene Züchter darunter, die ihre altbewährten Zuchthunde rigoros aus der Zucht nahmen, um sich mit Möpsen zu versorgen, die zu den „Langnasen" zählten. Hat auch so mancher dabei bittere Tränen vergossen, so sind diese heute vergessen. Doch wer kann es einem Menschen verdenken, wenn er sich von Hunden, die vielleicht schon über einen langen Zeitraum bei ihm weilen, nur sehr schwer verabschieden kann? Ich gebe hier zu bedenken, dass ein Mops, der gesundheitlich nur leicht geschädigt ist, trotzdem noch eine Lebenserwartung von 16 bis 18 Jahren hat. Doch darf so ein vorgeschädigter Hund von Züchtern, die sich dem MPRV e.V. angeschlossen haben, nicht als Vater- oder Muttertier eingesetzt werden. Alle Züchter unterliegen im MPRV strengen Richtlinien und müssen jederzeit und unvorbereitet mit einer „Zwingerüberprüfung" rechnen.

Ein glücklicher Halter und sein „Langnasenmops"

Eine alte Mopshündin mit flacher Schnauze und Welpen der neuen Generation

Diesen Anforderungen unterwerfen sich die angeschlossenen Züchter freiwillig, denn nur so ist gewährleistet, dass das ersehnte Zuchtziel, nämlich eine Schnauzenbildung bei Möpsen und Pekingesen, erreicht wird.

Nicht unerwähnt lassen möchte ich an dieser Stelle, dass alle Züchter eine „Reinzucht" betreiben und nicht etwa Kleinhunde, wie den Pinscher oder Terrier einkreuzen, um schneller ans Ziel zu kommen. Eine solche Zuchtmethode könnte dazu führen, dass sich eine charakterliche Veränderung bei unseren Möpsen bemerkbar macht, was nun absolut nicht in unserem Sinne ist.

Unsere nächste Aufgabe bestand darin, den MPRV e.V. und seine Absichten in der Öffentlichkeit bekannt zu machen. So begannen wir, angesehene Hundezeitschriften mehr oder weniger erfolgreich anzuschreiben und anzusprechen. Es war die Internet-Hundezeitung (www.Hundezeitung.de), die als erste fachlich qualifiziert und unvoreingenommen über die Missstände in der Mopszucht berichtete und das Zuchtziel des MPRV e.V. als wünschenswerte Veränderung dieser Hunde darstellte. Danach las man in den Fachzeitschriften „Partner Hund" und „Der Hund" über uns und später freuten wir uns über Fernsehberichte im ZDF, WDR und MDR. Wir wurden bei einer örtlichen Vorstellung des Tierheimes Vlotho von unserem hiesigen Kreistagsabgeordneten eingeladen und durften unseren Verband und die Möpse und Pekingesen hier der breiten Öffentlichkeit präsentieren. Die anwesende Presse wurde aufmerksam und brachte den MPRV e.V. regional, sowie überregional ins Gespräch.

Bis zum heutigen Zeitpunkt wird bei uns die Öffentlichkeitsarbeit großgeschrieben und so bringen wir uns und unser Zuchtziel immer wieder in den Medien unter, wann immer wir dazu Gelegenheit bekommen. Sie können unsere Züchter und deren Hunde in unregelmäßigen Abständen daher in TV und Presse antreffen.

Die Veränderung des Mopses blieb natürlich auch anderen Hundevereinen nicht verborgen. Sie konterten damit, dass auch sie ihre Möpse nun in einer Fachzeitung vorstellten. Ob man sich damit jedoch einen Gefallen getan hat, lasse ich hier offen, denn niemand anderes als der Genetiker Dr. Hellmuth Wachtel aus Wien äußerte sich zu dieser Maßnahme, indem er einen Leserbrief in dieser Zeitung veröffentlichen ließ. Mit seiner freundlichen Genehmigung darf ich diesen hier zitieren.

Das darf doch nicht wahr sein. Zum Thema ob alle Möpse schnarchen sagt Frau W. [1]: „Ich fürchte ja ......die Besitzer genießen das – es wirkt so schön beruhigend". Nun, ich hoffe sehr, die Besitzer beruhigt das keineswegs, denn es ist ein Symptom des BAOS (Brachycephalic airways abstruction syndrom), also von Atembeschwerden, weil zuviel nicht mit dem Schädel proportional verkürztes Weichgewebe die Atemwege verstopft. Dazu kommt noch die erhöhte Hitzeempfindlichkeit was nach Frau W. weniger an der weggezüchteten Nase als an dem zu kurzen Hals liegen soll. Kein Wort darüber, was da züchterisch zu geschehen hätte, auch zu den zu vorgewölbten, zu großen und daher verletzungsgefährdeten Augen! Die Höhe ist, wenn noch allen Ernstes nach behauptet wird, die Rasse hätte sich im Wesentlichen nicht verändert, die Übertypisierung [2] wäre vor Entstehung gravierender Probleme gebannt worden. Wo hätte die denn noch hin führen können, fragt man sich?

Mit freundlicher Genehmigung der Staatlichen Porzellan-Manufaktur Meissen GmbH kann ich Ihnen dieses Foto vorstellen. Es zeigt „Langnasenmöpse" aus Meissener Porzellan, wie Sie sie zur Zeit dort erwerben können.

[1] *Ich werde hier weder Namen noch den entsprechenden Mopsclub nennen*

[2] *Überzüchtung*

Ein Blick auf die Darstellung des (von Brehm viel gelästerten) Mopses in dessen Tierleben der ersten Ausgaben zeigt einen eigenartigen, ausgesprochen hübschen, aufgeweckt aussehenden, muskulösen Hund mit kurzem Fang und ohne vorstehende Glotzaugen. Seither ist es gelungen, daraus einen schwammig wirkenden Typ mit zur Kugel komprimierten Kopf praktisch ohne Nase auf Kosten von dessen Lebensqualität zu züchten. Es ist unverständlich, dass im 21. Jahrhundert, nach der Konvention des Europarates zum Schutz der Heimtiere, dem Tierschutzparagraphen 11b und dem Verpflichtungsmanifest der Präsidenten der kynologischen FCI - angeschlossenen Verbände Deutschlands, der Schweiz und Österreichs gegen Übertypisierung solche Aussagen möglich sind. Nichts gegen den Mops, er muss unter allen Umständen erhalten werden, aber unter Gewährleistung der Voraussetzung für ein Leben mit guter Qualität. Das wieder zu erreichen müssten sich die mit ihm befassten Rasseclubs verpflichtet fühlen.

Dr. Hellmuth Wachtel

Unser Ansinnen ist es, jetzige und zukünftige Hundebesitzer unserer Rassen aufzuklären, zu informieren und zu betreuen. Alle Mops- und Pekingesenbesitzer sind bei uns mit ihren Hunden herzlich willkommen. Dabei ist es völlig gleichgültig, bei wem und in welchem Verband diese Hunde erworben wurden. Uns geht es einzig und allein um das Wohlergehen dieser Tiere und wir bedanken uns auf diesem Wege bei allen Besitzern, die die „Langnasen" vertrauensvoll in unserem MPRV e.V. erstanden haben. Durch Ihr Kaufverhalten, verehrte Damen und Herren, haben Sie allein es in der Hand, dass es zu einem über Deutschland hinaus europaweiten Umdenken in der Hundezucht kommen wird. Wozu soll ein Züchter Möpse oder Pekingesen aufziehen, wenn sich keine Kaufinteressenten für diese Hunde finden lassen? Die Gründung des MPRV e.V. verdanken wir Ihnen allein, denn wir hätten die Zucht der Pekingesen und Möpse sofort aufgegeben, wäre kein Abnehmer für unsere „Langnasen" zu finden gewesen. Die Bereitschaft, gesundheitlich geschädigte Hunderassen dem ahnungslosen Käufer anzubieten, bestand bei uns nicht mehr.

Bei Fertigstellung dieses Buches sind wir im MPRV e.V. mit 31 Züchtern in Deutschland vertreten. Darunter eine Handvoll Pekingesenzüchter, die sich bemühen, auch diese Rasse wieder in einen annehmbaren gesundheitlichen Zustand zu versetzen. Wir zählen derzeit zusammen mit unseren Hundefreunden in Holland, der Schweiz und Österreich ca. 140 Mitglieder mit steigender Tendenz.

Wir, und damit meine ich alle Züchter im MPRV e.V., werden nicht eher ruhen, bis das ersehnte Zuchtziel erreicht ist, was nichts anderes bedeutet, als dass Sie in Zukunft bei uns Hunde vorfinden, auf die das Wort „Qualzucht" nicht mehr zutrifft.

Ich beschließe dieses Kapitel mit einen Zitat von Albert Schweitzer, 1875 - 1965, dt. ev. Theologe:

Keine Zukunft vermag gutzumachen, was du in der Gegenwart versäumst!

Der Ursprung des Mopses

Den beliebten Mops findet man nicht selten als Collage vor

Über die Herkunft des Mopses wird in der Fachwelt viel spekuliert. Sicher ist, dass er aus Ostasien, vorrangig aus China, stammt. Aufzeichnungen aus dem Jahre 663 v. Chr. beschreiben kurzschnäuzige Hunde namens „Lo-Sze". Man nimmt an, dass dieses die Ahnen unserer heutigen Möpse sind. Die Hundezucht in China nahm man, wie aus Aufzeichnungen aus der Tang-Dynastie (ca. 950 n. Chr.) hervorgeht, sehr ernst. Schon lange vor unserer Zeitrechnung wurden in China kleine Hunde gezüchtet, die kurze, breite und flache Köpfe aufwiesen. Sie unterschieden sich nach Typ, Körperbau und Haarart. Eine Variante war der „Loong Chua Lo-Sze". Dieser wies Befederungen an den Ohren, Pfoten, Rückseite der Läufe und der Rute auf. Da es ihn in vielen Farben gab, wird es sich hier jedoch um einen Urtyp des heutigen Pekingesen gehandelt haben.

Fest steht, dass unser Mops, ebenso wie der Pekingese, in China königlich behandelt wurde. Er war in Herrscherhäusern daheim und man verlieh ihm sogar Titel. Es gab ca. 4000 ausgebildete Eunuchen, denen die Zucht unterstand. Diese wetteiferten darum, den perfektesten Vertreter seiner Rasse züchten zu wollen, was erkennen lässt, welchen Stellenwert die damalige Hundezucht einnahm. Da die Möpse als überaus kostbar galten, wurden sie zu besonderen Anlässen innerhalb der Königshäuser verschenkt.

Wie der Mops nach Europa kam ist unbekannt. Durch Zeichnungen und Bilder wurde die Existenz des Mopses in der westlichen Welt ab ca. 1425 bestätigt. Vermutet wird, dass er erstmalig in Holland auftauchte, da Holland Handel mit dem Orient trieb. Prinz Wilhelm van Oranje (1533 - 1584), auch als Willem de Zwijger oder Wilhelm der Schweiger bekannt, besaß einen Mops mit dem Namen Pompey. Dieser ging in die Geschichte ein, da er seinem Besitzer das Leben rettete, als im Heereslager, während der Schlacht zu Hermigny, ein Attentat auf den Prinzen verübt werden sollte. Durch lautes Gebell löste Pompey einen Alarm aus, der den schlafenden Prinz Wilhelm warnte und ihn entkommen ließ, einige Mitglieder seiner Leibwache leider nicht. Der Mops war seitdem königlicher Hofhund und im Haus Oranien sehr beliebt. So wundert es nicht, dass der Prinz ständig einen Mops an seiner Seite hatte. Willem de Zwijger wurde nach seinem Tod in der Kathedrale in Delft beigesetzt.

Bis zum heutigen Tage finden alle holländischen Mitglieder des Königshauses hier ihre ewige Ruhe, bei Fertigstellung dieses Buches als letzter Prinz Claus von Amsberg (gest. 06.10.2002), der deutsche Prinzgemahl der amtierenden Königin Beatrix. Noch heute ziert eine Statue seines reizenden Mopses das Grabmal Wilhelm des Schweigers in Delft.

1688 segelte der Urenkel dieses dem Attentat entgangenen Prinzen, Prinz Wilhelm III, zur Thronbesteigung nach Torbay (England). In seinem Hofstaat befanden sich eine große Anzahl Möpse mit einer Orange-Schleife um den Hals. Diese symbolisierten deren Zugehörigkeit zu den Oraniern. Schon bald wurden diese liebenswerten Hunde in England sehr populär und als „Dutch Pug" (holländischer Mops) bekannt. Sah man zu Anfang nur blonde Möpse, so ist es Lady Brassey zu verdanken, dass man schwarze Möpse zu Gesicht bekam, die diese 1877 von einer Chinareise mit nach Hause brachte. Zwar war die Existenz schwarzer Möpse schon vorher bekannt, doch galten diese in China als Unglücksboten und wurden sofort nach ihrer Geburt getötet.

Ein Zuchtbuch des 1871 gegründeten englischen Kennel-Clubs weist 66 Mops-Eintragungen auf. Es gab zwei bekannte Mopslinien, die man den Züchtern Mr. Morrison, sowie Lady und Lord Willboughy, zuordnete. Rivalisierten diese beiden untereinander, so wurden später dennoch beide Linien miteinander verkreuzt und gemischt.

In Frankreich wurde bekannt, dass ein Mops Napoleon Bonaparte ins Bein biss. Dieses bei dem Versuch, das Ehebett seiner Gemahlin Josephine de Beauharnais zu besteigen. Es ist nicht weiter bekannt, ob der Mops namens Fortune, dessen Besitzerin Josephine war, aus Treue oder Eifersucht zugefasst hat. Später allerdings soll Fortune ein Attentat auf Napoleon verhindert haben.

In Deutschland wurde ein Mops des Herzogs von Württemberg bekannt. Jener ging 1717

Kein modisches Accessoire, sondern durchaus sinnvoll, wenn der die Stubenwärme gewöhnte Mops bei Kälte oder Regen ausgeführt wird.

Ein enger Verwandter des Mopses. Leider ist ein solcher Pekingese mit Schnauze eine echte Rarität.

in der Türkenschlacht vor Belgrad in den Kriegswirren verloren. Dieser kleine Hund fand mutterseelenallein und auf sich selbst gestellt den Weg zurück in seine Heimat. Was immer er auf diesem Weg an Strapazen und Quälereien erlebt und überlebt hat, ist nicht nachvollziehbar; ist aber ein Beweis dafür, dass ein gesunder Mops robust, leistungsfähig und hochintelligent ist.

Später, nach seinem Tod, wurde diesem Mops zu Ehren ein Denkmal im Schlossgarten zu Winnenden errichtet, welches von einem lebensgroßen Mops geziert wird. Darunter wurde ein Nachruf in Form einer Hommage in den Stein gemeißelt.
Im 17. Jahrhundert war der Mops in Europa überaus beliebt. Ob es daran lag, dass zu dieser Zeit die „China-Mode" aktuell wurde, oder sein exotisches Aussehen dazu beitrug, was den Mops zum begehrten Familienhund werden ließ, weiß man nicht zu sagen. Vielleicht aber war es auch sein überaus liebes, nettes und charmantes Wesen, das seine Popularität ausmachte.

Im 18. Jahrhundert gründete sich der Mopsorden, eine Art Freimaurer-Veranstaltung, deren Logen sich über viele Städte ausbreiteten. Die Mitglieder setzten sich fast ausschließlich aus römisch-katholischen Adeligen zusammen und es gab absurde Aufnahmerituale und Zeremonien. Eine merkwürdige Sitte schlich sich damals ein. Man schnitt unserem liebenswerten Mops die Ohren ab. Es wird wohl immer ein Geheimnis bleiben, warum man dem Mops diese Quälerei antat. Leider konnte ich diesbezüglich keine Literatur ausfindig machen, die mir erlaubt, Auskunft über die Kausalität dieser Verstümmelung zu geben. Einhalt wurde diesem barbarischen Tun um 1880 geboten, als sich König Edward VII. und seine Gattin Alexandra dem entgegenstellten.

Schirmherr des Mopsordens war Friedrich August II., der spätere König von Polen. Dieser besaß mehrere Porzellanfabriken und natürlich Möpse. Zu dieser Zeit entstanden unzählige Porzellanfiguren von Möpsen in allen Lebenslagen. Sowohl in Gesellschaft als auch als Einzelfigur wurden sie auf Tabaksdosen, Riechflakons oder Bonbonnieren abgebildet.

Dieses Bild entstand ca. 1900 n. Chr. Zu dieser Zeit wies der beliebte Familienhund, unser Mops, die lange Schnauze auf.

Der Mops war nicht nur in adeligen Kreisen hoch begehrt, sondern auch in bürgerlichen Häusern daheim. Da die Nachfrage nach diesem kleinen Kerlchen mit kurzer Schnauze und Kulleraugen nicht mehr zu befriedigen war, versuchte man, ihn durch verschiedene Einkreuzungen zu vermehren.

Sein Negativ-Image legte sich der Mops im 19. Jahrhundert zu, als sich alleinstehende adelige Damen in der damaligen Biedermeierzeit den Mops als Gesellschaftshund hielten. In ihren Seidenkissenbettchen fütterten die gelangweilten, herrenlosen Ladys den Mops mit Pralinen, Schokolade und sonstigen Süßigkeiten gnadenlos voll, bis dieser behäbig, fett, faul und unbeweglich wurde. Damit begann der Untergang dieses vormals aktiven, lebhaften und muskulösen Hundes. Er wurde als dick, dumm und gefräßig beschrieben und Brehm meinte verächtlich

Ein bisschen komfortabler wird es schon zugegangen sein, als der erste Mops Holland erblickte.

über den bedauernswerten Mops: „Die Welt wird nichts verlieren, wenn dieses abscheuliche Tier den Weg allen Fleisches geht."

Die Rettung kam dann um die Jahrhundertwende. Dieses ist nicht zuletzt Queen Viktoria von England zu verdanken, die neben Möpsen auch Pekingesen ihr Eigen nannte. Sie war eine große Hundekennerin und -liebhaberin.

In Deutschland kreuzte man den Mops mit dem Kurzhaar-Pinscher und bekam so einen Mops, der hochbeiniger und straffer im Fell war, sowie eine regelrechte Nase besaß. Diesen Hund bezeichnete man als „Altdeutschen Mops". Jener, auf dessen kurzen meist steingrauem Fell sich ein prachtvoller Aalstrich abzeichnete, wurde als Mops eingetragen, ausgestellt und bewertet. Verschiedene Blutlinien gehen noch heute auf diese Kreuzungen zurück.

Da diese in ihrem Aussehen den Möpsen sehr ähnelten, die uns im MPRV als Zuchtziel vorschweben, werden auch unsere Hunde gerne als „altdeutsche Möpse" bezeichnet.

Die Glocke der Schlosskirche in Winnenden

Die Inschrift lautet:

„Gelobt sei Gott, der mein Gebet nicht verwirft."

Psalm 66, 20

Der Rassehund „Mops" ziert diese Glocke

Sie wurde im Juli 2002 bei der Glockengießerei Bachert in Friedrichshall gegossen. Der künstlerische Entwurf und die Ausführung stammt von Herrn Dekan i. R. Dieter Eisenhardt. Die Glocke befindet sich im Glockenturm der Schlosskirche in 71364 Winnenden. Sie wiegt 280 kg bei einem Durchmesser von 77 cm. Es ist die Betglocke, mit dem lateinischen Namen „Rogate", was in Deutsch übersetzt „betet!" bedeutet.

In der Mitte befindet sich als Hinweis auf die Verbindung von Kirche und sozialem Engagement durch die verschiedensten diakonischen Einrichtungen in Winnenden das Kronenkreuz der Diakonie.

In der Krone sieht man das Stadtwappen von Winnenden und den Namen „Rogate". Im Fries ein für Glocken sicherlich ungewöhnliches Motiv und von Herrn Eisenhardt mit einem Augenzwinkern gestaltet:
der Winnender Mops auf seinen Weg von Belgrad nach Winnenden, so wie es auf dem Denkmal neben der Schlosskirche zu sehen ist. Gestiftet wurde diese Glocke von den Familien Kienzle.

Für dieses Foto bedanke ich mich bei dem Gemeindepfarrer von Winnenden, Herrn Pfarrer Traugott Mack. Er überließ mir das Bild mit der Bemerkung, dass **„das Ziel des MPRV e.V., einer artgerechten Züchtung von Tieren, im Einklang steht mit den Zielen der Kirchengemeinde, Gottes Schöpfung zu bewahren"**.

Gerne zitiere ich ihn hier nochmals, wenn er zu berichten weiß:
In dieser Zeit waren Möpse noch keine „Schoßhündchen", sondern robuste, langstreckentaugliche Vertreter ihrer Art.

Das Denkmal des Mopses von Winnenden

Ein Bild, dass mir die Stadtverwaltung Winnenden zur Veröffentlichung überließ (Stand Mai 2002)

In den Stein des Denkmals wurde diese Inschrift gemeißelt:

So darf nach deinem Tod hier dein Gedechtnus stehen
Mops ausgehauner Mops dis macht dein Hundsverstand
der sich Mit smeicheln der Geschicklichkeith verband
und den so Herr als Knecht mit vieler Lust gesehen
Du ruhst nunmero Mops von aller deiner pein
Wie manchem Rauhen wort wie manchen Nasenstüber
Mops mustestu nicht steths Hier unter worffen seyn
Doch Lehrte dich die Witz dis in Gedult Ertragen
Und weil du Hoffmops warst so dientestu der Zeit
Dein Holdes Maulhen blieb bey seiner freundlichkeits
Und jeude Mine wies was du nichtkuntest sagen
Nebst Allem Diesem Warst du ungemein Getreu
und was mir Liebs und Guts von Hunden melden könen
Mit Alle dein Warstu o Mops geziert zu nennen
Dis setzen wir Hiemit dir statt der Grabschrift bey
Hat sich dein Hunds Geist längst Zum Hundsstern hinge
schwungen
So Hastu es verdient und bleibestunfertrungen
Hastu den Cerberum Zu deinem Cameraden
So Hüte sich dein Stolz vor Schimpff vorbis und Schaden
Ano 1 7 3 3

Ins Hochdeutsch übersetzt:

So darf nach deinem Tod hier dein Gedächtnis stehen
Mops, ausgemeißelter Mops, dies macht Dein Hundeverstand,
der sich mit schmeichelnder Geschicklichkeit verband
und den sowohl Herr als auch Knecht mit viel Lust gesehen
Du ruhst nun mehr Mops, von aller deiner Pein
Wie manchem harten Wort wie manchem Nasenstupser
Mops, musstest Du nicht immer unterwürfig sein
Doch lehrte dich Dein Witz, dies in Geduld ertragen
Und weil du Hofmops warst, so dienstet du der Zeit
Dein holdes Mäulchen blieb bei seiner Freundlichkeit
Und jede Miene wies, was du nicht sagen konntest
neben allen Diesem warst du ungemein treu
und was wir Liebes und Gutes von Hunden melden können
mit alledem warst du, o Mops, geziert zu nennen
Dies setzen wir dir hiermit statt der Grabschrift bei
Hat sich dein Hundegeist längst zum Hundestern
hingeschwungen
so hast du es verdient und bleibest unverdrossen
Hast du den Zerberus[1] zu deinem Kameraden
so behütet dich dein Stolz vor Schimpf, vor Biss und Schaden
Anno 1 7 3 3

[1] *Ein den Eingang der Unterwelt bewachender dreiköpfiger, unbändiger Hund der griechischen Mythologie*

Gut erkennbar ist hier, dass es sich um einen „Langnasenmops" gehandelt hat.

Ein wohl einmaliges Denkmal ist vor dem Schloss Winnenthal zwischen Torhaus und Hauptgebäude aufgestellt. Ein in Stein gehauener Mops erinnert an den Hund des Herzogs Karl Alexander. Als Feldmarschall in österreichischen Diensten führte dieser die kaiserliche Armee während der Schlacht um Belgrad im Jahre 1717 gegen die osmanischen Truppen. Während des Kampfgetümmels, so die Legende, sollen sich Herr und Hund verloren haben, worauf der Mops nach Winnenthal zurücklief. Nach seinem Tod errichtete ihm sein Herr aus Freude und Dankbarkeit dieses Denkmal.

Mein Dank für beide Fotos dieser Seite geht nochmals an den Gemeindepfarrer von Winnenden, Herrn Pfarrer Traugott Mack.

Geschichte des Mops von Winneden

Ein kleiner Mopshund wohlgeboren,
der hatte seinen Herrn verloren –
vor Belgrad war's im Türkenkrieg,
als Prinz Eugen behielt den Sieg.

In Kriegsgeschrei und Pulverdampf,
in Rossgewieher und -gestampf,
da sahn sie plötzlich sich nicht mehr.
Der Mops lief ratlos hin und her,
hat viel geschnuppert und gebellt.
Längs saß sein Herr im Feldherrnzelt
mit den anderen Generälen,
die konnten alle viel erzählen,
von sich und ihren Heldentaten
und von denen der Soldaten.

Daß einen Mopshund er besessen,
das hat er leider ganz vergessen.
Der hat sich aber bald besonnen
und nach Haus den Weg genommen.
11 Tage lang ist er gerannt,
von Belgrad bis ins Schwabenland!

Wie hat im Schloß man ihn begrüßt,
gestreichelt und ihn abgeküsst.
Die Köchin hat ihm hingestellt,
das beste Futter von der Welt.
Ein Denkmal hat man auch errichtet,
drauf einen schönen Spruch gedichtet,
in Stein gehauen – nicht aus Holz –
und alle waren auf ihn stolz.

Die Schlosskirche mit dem Denkmal des Mopses

Bei meinen Recherchen in der Mopsstadt Winnenden bin ich auf eine weitere Besonderheit gestoßen, die ich Ihnen nicht vorenthalten möchte.

Werner Maurer, Inhaber einer alteingesessenen Bäckerei, entschloss sich, Pralinen zu kreieren, die unterschiedliche Füllungen beinhalten und inzwischen in der zweiten Generation in der eigenen Confiserie hergestellt werden. Jede einzelne dieser Pralinen wird von einem Mops aus Schokolade geziert. Die traditionellen „Winnender Möpsle" werden nicht nur in Deutschland verkauft, sondern in die gesamte Welt verschickt.

Der Winnender Lehrer Karl Mast, der schon Werner Maurer unterrichtete, war begeistert von dieser Süßigkeit und brachte exklusiv für die Familie Maurer die Legende, die sich um den Mops von Winnenden rankt, zu Papier. Diese Mops-Geschichte liegt bis zum heutigen Zeitpunkt jeder Pralinen-Packung, die das Denkmal des Winnender Mopses aufweist, bei. Sie ist in der jeweiligen vom Käufer gewünschten Sprache abgefasst.

Frau Ulrike Maurer, die jetzige Inhaberin der Confiserie, erteilte mir die Genehmigung, Ihnen die Zeilen des Herrn Karl Mast hier vorzustellen.

Der „Winnender Mops"

Der berühmteste Langläufer der Stadt

Sein Herr war Prinz Karl Alexander, der damalige Schlossherr und nachmalige Herzog von Württemberg. – Er war der Feldzeugmeister des Kaisers. – Während der Türkenkriege – im Mai 1716 – hatte er „Prinz Eugen" das württembergische Heereskontingent nach Ungarn zuzuführen. – Der Mops begleitete ihn. – Bei dem Sturm auf Belgrad wurden Herr und Hund getrennt. – In 11 Tagen rannte der Hund die rund 1100 Kilometer lange Strecke hierher zurück. Für diese sportliche Leistung, diese Intelligenz und diese Treue hat ihm der „Hof" im Jahr 1733 dieses Denkmal im hiesigen Schlosshof erstellt.

Karl Mast

An dieser Stelle bedanke ich mich für alle Informationen und das Bildmaterial noch einmal herzlich bei der Stadtverwaltung Winnenden, Herrn Pfarrer Traugott Mack und Frau Ulrike Maurer.

War es auch eine Zeit lang still geworden um den Mops, so hat die Stadt Winnenden ihm über Jahrhunderte immer die Treue gehalten.

Der Charakter

Auf den Charakter eines Mopses können Liebhaber dieser Rasse ein nicht endendes Loblied singen.

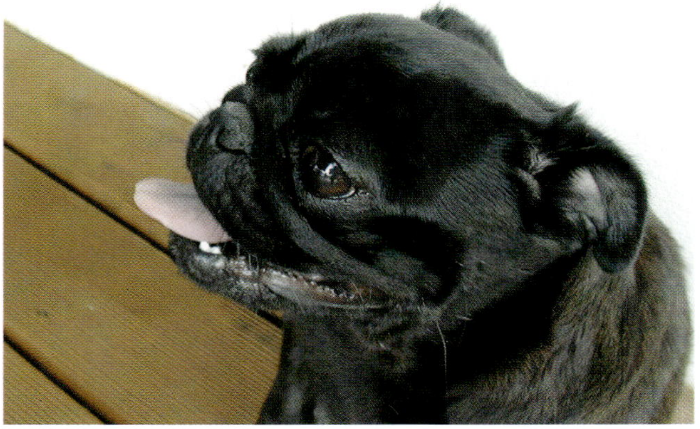

Nach dem Toben hechelt der Mops, um sich Abkühlung zu verschaffen.

Sein Wesen kann man als spaßig, fröhlich und freundlich beschreiben. Möpse werden oft über Generationen in Haushalten gehalten. Viele prominente Persönlichkeiten ließen sich von ihnen begleiten. Ich nenne hier einmal Winston Churchill, Gracia von Monaco, Heinrich Heine, Andy Warhol, Jackie Kennedy, Rainer Maria Rilke und viele andere, wie etwa der Modedesigner Valentino. Auch Loriot, ein absoluter Mopsnarr, wusste von seinen Vorzügen und sagte über ihn: „Möpse sind mit Hunden nicht zu vergleichen. Sie vereinigen die Vorzüge von Kindern, Katzen, Fröschen und Mäusen. Möpse können, wie Menschen, im Alter figürlich etwas nachlassen, jedoch an Ausdruck gewinnen."

Das Verhalten des Mopses Mensch und Tier gegenüber ist geprägt von Güte und Sanftheit.

Seine Würde, sein Charme und seine Intelligenz machen ihn zu einem liebenswerten Hausgenossen.

Katzen und Möpse haben keine Verständigungsschwierigkeiten.

Er ist verspielt, treu, anhänglich, aber auch furchtlos und manchmal ein bisschen eigenwillig.

Der Mops liebt alle Familienmitglieder gleichermaßen ohne Kritik. Die Menschen, die um ihn herum leben, sind immer der Mittelpunkt seines Universums. Er erfüllt keine hundespezifische Aufgabe im Haus, wie etwa Wachen, er ist nicht zur Jagd zu gebrauchen. Er strahlt eine rührende Anhänglichkeit aus und ist überaus kontaktbedürftig. Kinder sind von ihm bevorzugte Spielgefährten; ja, er vergöttert sie geradezu. Aus meiner Erfahrung deute ich dieses Verhalten so, dass der Mops selber immer ein Kind bleibt. Er behält seine Unbefangenheit, seine Freundlichkeit und Fröhlichkeit, sein Vertrauen bis zu seinem Lebensende. Ein Mops kennt keinen Argwohn. Er ist der festen Überzeugung, dass ihm nichts Böses geschehen kann. So ist es nicht verwunderlich, dass er sich so manche Blessur in seinem Leben zuzieht. Er versteht nicht, dass der Huf eines Pferdes nicht dazu da ist, daran zu schnuppern. Er kennt keine Aggressionen, keine Ablehnung. Er verschenkt immer und unentwegt seine große unerschütterliche Liebe an Mensch und Tier und erwartet das Gleiche von seinem Gegenüber.

Unsere Möpse lieben den Garten genauso wie einen Spaziergang

Nun sollte man meinen, aus Schaden wird man klug. Jedoch trifft dieses auf den Mops nicht zu. Er wird immer wieder zum Freund Pferd gehen, er wird immer wieder verjagt oder gar getreten. Jedes Lebewesen ist für den Mops die Verkörperung aller guten Eigenschaften. So sollten Sie als Mopsfreund hier helfend eingreifen und ihn vor Gefahrensituationen schützen.

Schon in der Kinderstube erlebte ich in der Zucht, wie eng die Geschwister miteinander verwachsen sind. Das Körbchen, der Liegeplatz, alles kann übermäßig Platz bieten.
Ein Mops sucht den Körperkontakt, und so ist das engste Nest gerade passend. Da liegen dann die Welpen schon eng übereinander und aneinandergekuschelt. Sie können jedem Mops sein eigenes Plätzchen bereithalten, sie ziehen sich immer wieder zusammen. Übereinander, untereinander, nebeneinander; ich nenne dieses Verhalten ein „Stapelschlafen". In einem winzigen Körbchen finde ich so nicht selten vier ausgewachsene Möpse vor. Es gibt kein Drängeln, kein Schubsen und kein Stoßen. Friedfertig und einträchtig schlafen sie eng aneinander gekuschelt beieinander, wobei das eine oder andere Körperteil eines Mopses schon mal herausragt. Platz hat der Mops in der kleinsten Hütte.

Ein Mops ist lebhaft und temperamentvoll, ohne hektisch oder nervös zu wirken. Er liebt Spaziergänge, fühlt sich aber auch auf einem kleinen Grundstück sehr wohl. Im Hochsommer verbringen wir viel Zeit mit unseren Möpsen im Garten. Dort suchen sie ein schattiges Plätzchen auf und verharren hier stundenlang. Erst wenn die Sonne untergeht, werden sie aktiv und toben und jagen temperamentvoll und voller Unternehmungslust in den Abend. Unermüdlich bringen sie Stöckchen und Bällchen zu uns zurück, mit denen wir sie zum Spielen animieren. Ihre Ausdauer ist dabei erstaunlich und nicht selten sind wir schneller erschöpft als unsere Möpse.

Natürlich steht immer ein gefüllter Wassernapf im Garten. In den Wintermonaten und bei kühlerer Witterung verteilen wir unsere Mopsspielstunden über den ganzen Tag. Da werden Sie uns dann auch des Öfteren in der unberührten Natur mit unserer gesamten Mopsmeute antreffen.

Doch im Sommer sollten wir Aktivitäten in die Morgen- und Abendstunden verlegen, wie es bei jedem Hund, jeder Rasse, ratsam ist. Ein gesunder Mops ist sehr vital und leistungsfähig. Er ist lernfähig und folgsam, hat aber manchmal seinen eigenen, sturen Kopf. Was Mops nicht möchte, macht er nicht. Sie können noch so viel betteln. Was er sich aber in seinen Kopf gesetzt hat, verfolgt er mit äußerster Konsequenz. So hatten wir in unserem Garten frische Bäume gepflanzt. Unsere Möpse fanden das äußerst interessant und fingen an, die Rinde anzunagen. Wir riefen sie zur Ordnung und sie folgten brav. Doch kaum hatten wir ihnen den Rücken zugedreht, nahmen sie ihre Arbeit genüsslich und in aller Ruhe wieder auf. Als Abhilfe blieb uns lediglich, die Bäumchen mit einem Maschendraht zu schützen.

Wir fanden unsere Möpse, als sich alle um eben so ein Bäumchen versammelt hatten. Ihre Gesichtsfalten schienen noch faltiger, ihre Augen noch dunkler, denn wir hatten ihnen ihr schönes Spiel verdorben.

Der Mops wirkt manchmal sehr melancholisch. Man hat den Eindruck, als laste auf seinen Schultern das ganze Elend unserer Welt. Der genaue Beobachter kann aber feststellen, dass seine Augen feurig schauen und er absolut nicht traurig ist.

Der Mops liebt Hunde aller Rassen, sowie jegliche anderen Lebewesen auf Gottes Erde.

Jedoch schafft er es stets wieder, allein durch seinen Gesichtsausdruck seinen Besitzer von seiner Unschuld zu überzeugen, auch, wenn er gerade dessen Schuhe zernagt hat. Man kann einem Mops nicht böse sein.

Wenn man spazieren geht, trifft man immer wieder auf Personen, die den Mops entweder wunderschön oder abgrundtief hässlich finden. Einen Mops schafft man sich nicht eventuell an. Ein Mopsliebhaber umgibt sich mit einem Mops oder mit gar keinem Hund. Dabei vergrößert sich die Zahl der Personen, die diese Rasse schätzen, immer mehr. Der Charakter eines Mopses ist eben in keinem anderen Hund zu finden. Wir besitzen ihn einzig und allein als Unterhalter und Schoßhund. Seine Liebenswürdigkeit und seine Freude an anderen Lebewesen ist unbeschreiblich.

So saßen wir an einem Sommernachmittag in unserem Garten. Unsere einjährige Mopshündin Nu-Wang machte sich unter den Büschen zu schaffen. Wir beobachteten sie eine lange Zeit, wie sie immer wieder aufgeregt hin und her lief, gelegentlich unter den Büschen scharrte und sich magisch dorthin gezogen fühlte. Es war aber nun Hochsommer und wir waren einfach zu träge, nachzuschauen, ob dort etwas Besonderes vorlag.

Dieser Mops ist lediglich neugierig, jedoch gehen einige seiner Artgenossen auch gerne schwimmen

Möpse lieben Gesellschaft.

Nu-Wang und ihr Vogelkind

Jedoch gab Nu-Wang nun überhaupt keine Ruhe, löste sich immer wieder von den stapeldösenden anderen Möpsen und begab sich zu den Sträuchern. Also warteten wir ab und erfreuten uns an ihrem Tun. Bis sie zu uns kam. In ihrem Mäulchen transportierte sie eine junge Schwarzdrossel. Sie legte sie meinem Mann in die Hand, dieser setzte sie auf den Tisch und sie flog davon.

Es war ein Vögelchen, das sich unter dem Gestrüpp verfangen hatte. Jedes Mal, wenn es zum Flug ansetzte, verfing es sich in den Zweigen der üppigen Büsche.

Nu-Wang hatte dieses entdeckt und beobachtet. Nun hat aber ein Mops keine lange Schnauze, wie ein anderer Hund. So musste sie sich unendlich bemühen, das Tierchen unbeschadet zwischen die Zähne zu nehmen, um es zu den Menschen zu bringen, denen sie vertraut. Es ist für uns immer noch erstaunlich, mit welcher Langmut sie dieses Unterfangen bis zum Ende gebracht hat. Heute freuen wir uns über alle Vögel, die bei uns zu Gast sind und denken oft daran, ob es nicht Nachkommen unseres Vögelchens sind, dem Nu-Wang in ihrer Sanftheit das Leben rettete.

Was ich damit zum Ausdruck bringen wollte, ist, dass ein Mops absolut keinen Jagdtrieb besitzt. Er wird keine Fahrräder oder Autos jagen, er wird keine Hasenspur verfolgen. In Wald und Flur bleibt er in Ihrer Nähe und folgt Ihnen auf Schritt und Tritt.

Möpse sind Kindernarren

Der Mops ist ein Wunder an Feinfühligkeit gegenüber jedem Lebewesen. Er wird niemals seine Zähne benutzen und bedauerlicherweise wehrt er sich auch nicht gegen Angreifer.

Erschwerend kommt hinzu, dass er sich nicht unterwirft, d.h., auf den Rücken legt, um seinem Gegenüber seine Unterwürfigkeit zu demonstrieren. So läuft der Mops Gefahr, einmal gebissen oder arg zugerichtet zu werden. Es ist Ihre Aufgabe, ihn zu hüten. Ich wiederhole mich hier deshalb noch einmal; der Mops wird niemals glauben, dass ihm jemand absichtlich ein Leid zufügen will.

Zusammenfassend bleibt mir hier zu sagen, dass der Mops ein idealer Familienhund ist. Er fühlt sich in einem Palast genauso wohl wie in einer winzigen Wohnung. Sie werden ihn nur selten bellen hören und wenn, dann erklingt eine wohltuende, dunkle Stimme, die beruhigend auf Sie einwirkt. Wenn Sie sich zu einem Hund hingezogen fühlen, aber noch keinerlei Erfahrung im Umgang mit diesen Tieren haben, ist der Mops genau das richtige Haustier für Sie. Jedoch brauchen Sie Zeit, sich um ihn zu kümmern. Er liebt Gesellschaft und ist nicht gerne allein.

Man sollte sich überlegen, ob es nicht angebracht ist, dem Mops einen Spielgefährten in Form seinesgleichen zu schenken. Ein Mops ist eine Investition für 16 bis 18 Jahre Ihres Lebens.

Ich versichere Ihnen an dieser Stelle, es sind Jahre, die Sie nie mehr vergessen werden und die sie gelehrt haben, dass es im Leben etwas gibt, was man für Geld nicht bekommt.

Eine unerschütterliche Liebe.

Die Pflege

Sollten Sie einen Mops besitzen, haben Sie längst feststellen können, dass dieser sehr pflegeleicht ist. Zunächst kümmern Sie sich um das FELL. Dazu benutzen Sie bitte eine Bürste mit Gumminoppen und bearbeiten den gesamten Körper damit. Bürsten Sie immer mit dem Haarstrich von vorne nach hinten. Damit entfernen Sie den feinen Schmutz sowie das lose Haar und fördern gleichzeitig die Hautdurchblutung. Danach kämmen Sie das gesamte Fell noch einmal mit einem feinen Kamm durch. Diese Art der Fellpflege können Sie täglich durchführen, es reicht aber auch, wenn dies einmal in der Woche geschieht.

Das Fell ist die Visitenkarte unseres Mopses. Es schützt ihn vor Umwelteinflüssen, wie Hitze, Kälte, Wind, Regen, Sonne und allerlei krankmachenden Substanzen. Im Fell spiegelt sich der Gesundheitszustand Ihres Hundes wider. Ein glänzendes, angenehm riechendes Fell ist Beweis dafür, dass Ihr Mops optimal ernährt wird, gepflegt ist und sich „hundewohl" fühlt.

Der Mops haart eigentlich immer ein bisschen. Jedoch wechselt er zweimal jährlich sein Haarkleid. Im Frühling legt er sich sein Sommerfell zu und im Herbst tauscht er es gegen das Winterfell aus. Der Mops hat sogenanntes Stichelhaar, welches fein, glatt, glänzend, weich und kurz ist. Es besitzt eine wunderbar pelzige Qualität und wer es einmal gefühlt hat, kann die Beschaffenheit richtig beurteilen. Das ausgekämmte Haar

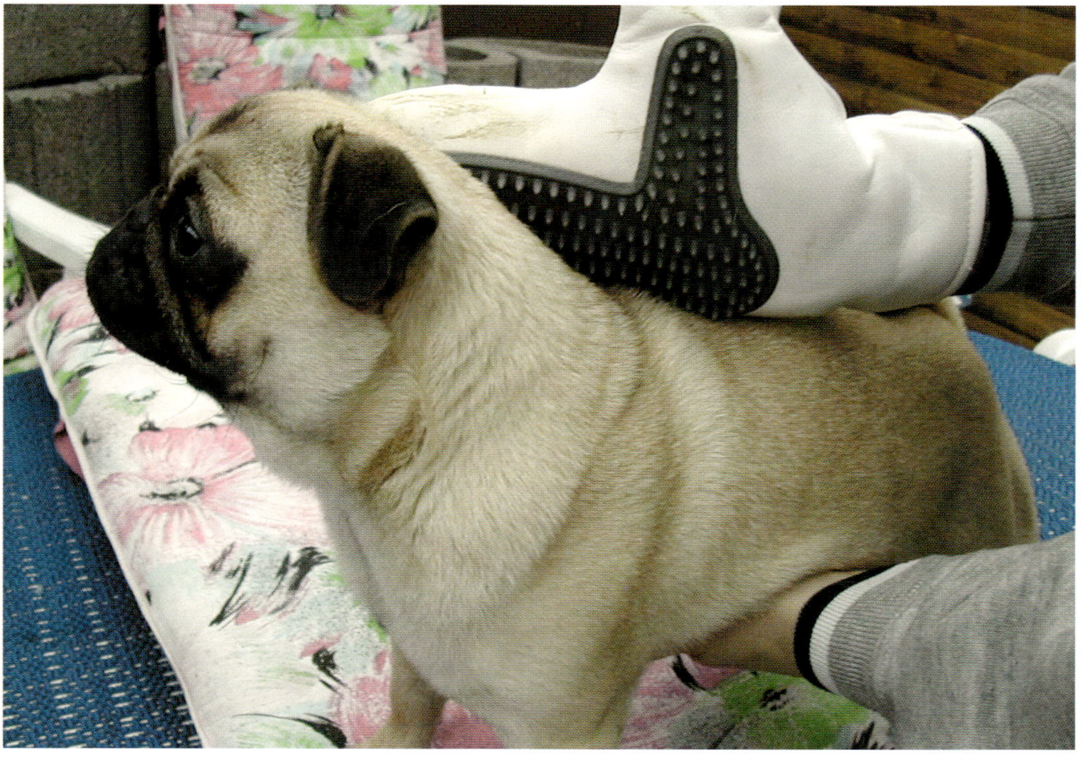

Der Mops genießt die menschliche Zuwendung bei der Fellpflege.

Ein alternder Mops verliert weder seine Ausstrahlung noch seinen Charme. Sein freundliches, fröhliches Gemüt bleibt ein Leben lang erhalten. Seine Pflege wird nicht aufwändiger, jedoch sollte man auf seine Gesundheit Rücksicht nehmen.

fliegt nicht herum, wie ich es von den Pekingesen kenne. Es bleibt am Platz liegen. Sie können es wegfegen oder mit einem Staubsauger problemlos entfernen. Wenn es sich einmal an Ihrer Kleidung festgesetzt hat, können Sie es mit angefeuchteten Händen abwischen. Hin und wieder benutze ich eine Fuselbürste, die bei einem Mops zur Grundausstattung gehört.

Bei der Fellpflege können Sie auch schnell erkennen, ob die Haut Schädigungen aufweist. Dieses kann durch Kratzen geschehen sein, es könnte sich aber auch um Parasiten oder eine Hauterkrankung handeln. Wenn Sie sich nicht sicher sind über die vorgefundene Veränderung im Haarkleid oder auf der Haut, suchen Sie bitte Ihren Tierarzt auf. Dieser erkennt in den meisten Fällen die Ursache, und mit einer entsprechenden Behandlung ist die Sache oft schnell vergessen.

Ihr Mops muss nur dann gebadet werden, wenn der Tierarzt aus gesundheitlichen Gründen dazu rät oder er stark verschmutzt ist. Benutzen Sie ein gutes Hundeshampoo und niemals eines, dass für Menschen gedacht ist. Sie zerstören damit den Fettfilm der Haut, sowie den des Felles und damit den natürlichen Säuremantel Ihres Mopses. Dieser aber ist unbedingt notwendig, um den Hund widerstandsfähig gegen Witterungs- und Klimaeinflüsse zu machen. Stellen Sie Ihren Mops in der Badewanne auf eine rutschfeste Unterlage. Benutzen Sie lauwarmes Wasser und spülen Sie den Mops zunächst nur ab. Tragen Sie dann das Shampoo auf und massieren Sie es gründlich in das Fell des Mopses ein. Bei der anschließenden Kopfwäsche des Hundes achten Sie darauf, dass kein Wasser in die Ohren gelangt. Ich habe mir angewöhnt, diese vor dem Bad mit Watte zu verschließen. Weil ich aber meine Watte nach dem Baden immer wieder in der Wanne auffinde und keinesfalls mehr in den Ohren des Hundes, hoffe ich, Ihnen gelingt das besser. Nachdem Ihr Mops nun shampooniert ist und Sie auch alle schwer zugänglichen Stellen erreicht haben, spülen Sie ihn mit lauwarmem Wasser gründlich ab. Nun hat Ihr Mops den Drang, sich ausgiebig zu schütteln. Hüllen Sie ihn in ein weiches Badetuch und bringen Sie ihn, sofern es sommerlich ist, nach draußen. Im Winter suchen Sie innerhalb Ihrer Wohnung einen Platz, wo das reichlich ausgeschüttelte Wasser problemlos wieder entfernt werden kann. Anschließend lassen Sie das Fell in der sommerlichen Temperatur trocknen oder benutzen Sie einen Fön. Beherzigen Sie aber den Rat, den Mops niemals bei kaltem Wetter zum Trocknen nach draußen zu bringen. Lassen Sie es nicht auf eine Erkältung oder gar Lungenentzündung ankommen.

Die AUGEN Ihres Mopses reinigen Sie täglich mit einem weichen Kleenex-Tuch. Manchmal

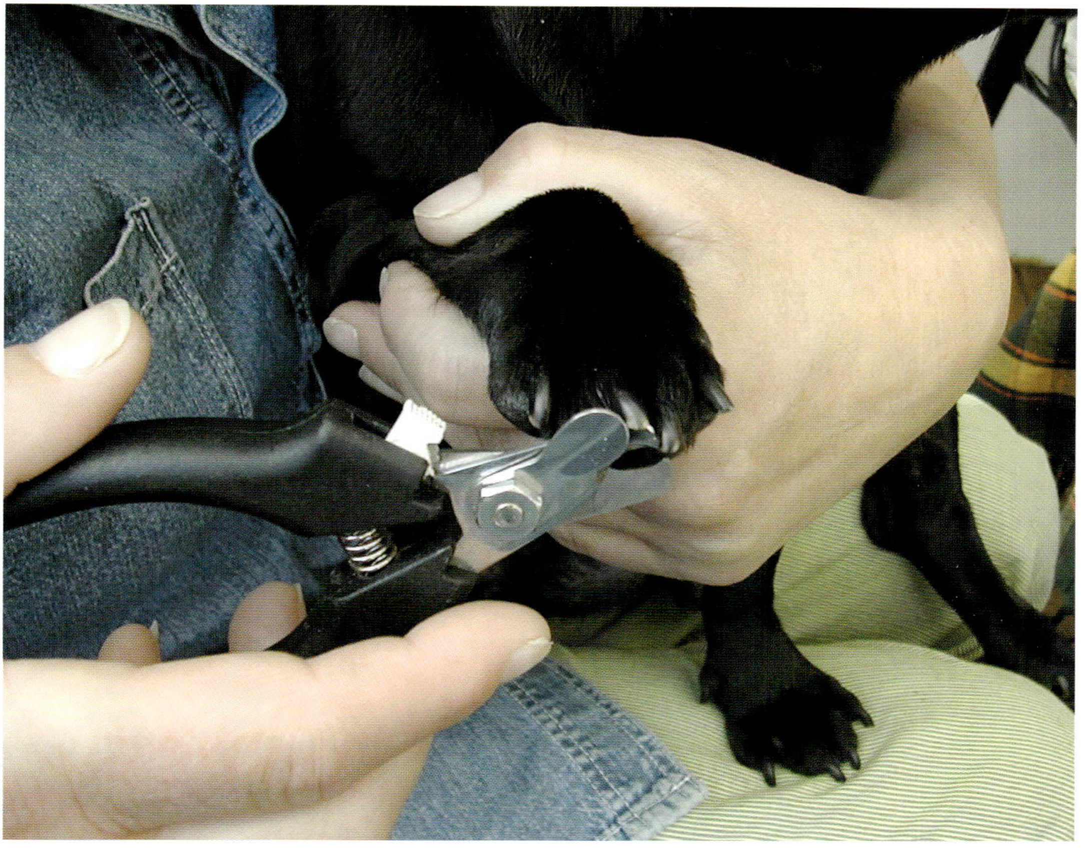

Krallenschneiden ist heikel. Überlassen Sie diese Notwendigkeit lieber erfahrenen Könnern.

finden Sie im Laufe des Tages etwas Schleim in den Augen vor. Auch diesen beseitigen Sie wie zuvor beschrieben. Achten Sie dabei darauf, ob das Auge Rötungen aufweist. Vielleicht hat Ihr Mops in einem zugigen Raum gesessen, evtl. hat der Wind ihm ein Staubkorn ins Auge geblasen. Dieses könnte unbehandelt zu Entzündungen führen. Manchmal blinzelt Ihr Hund auch etwas oder es tränt ein Auge. Für diesen Fall halten Sie bitte „Bepanthen" Augen- und Nasensalbe bereit. Drücken Sie etwas davon dreimal täglich in das befallene Auge, indem Sie das Unterlid ein wenig abziehen. Dann schließen Sie das Auge und massieren die Creme vorsichtig ein. Lassen Sie sich dabei von einer weiteren Person helfen, denn oft wehrt sich der Mops gegen eine derartige Behandlung. Sollte der Zustand länger als zwei Tage anhalten, ist wiederum Ihr Tierarzt gefragt. Auch die Pupillen können Verletzungen aufweisen. Diese könnte sich Ihr Mops durch seine Krallen selber beigebracht haben. Es kann sich aber auch um eine Verletzung durch eine Dorne oder einen anderen Gegenstand handeln. Das sonst dunkle Auge wird sich dann bläulich färben. Erschrecken Sie nicht. Ihr Tierarzt wird Ihren Mops auch hier medizinisch versorgen und die Verfärbung ist bald nicht mehr zu sehen.

Nun weise ich aber auch vorsorglich darauf hin, dass es Augenkrankheiten gibt, die sich nicht so leicht behandeln lassen. Sollten Sie also etwas Ungewöhnliches feststellen, zögern Sie nicht und suchen Sie umgehend einen Tierarzt auf. Eine verschleppte Augenverletzung oder Erkrankung könnte bei Ihrem Mops zur Erblindung führen.

Die OHREN Ihres Hundes müssen sauber aussehen und nicht unangenehm riechen. Täglich reinigen Sie deshalb das Außenohr mit Ihrem Kleenex-Tuch. Für das innere Ohr benutzen Sie Wattestäbchen, die Sie zuvor in Babyöl getränkt haben. Hier warne ich davor, zu weit in das Ohr einzudringen. Lassen Sie sich die Reinigung der Ohren von Ihrem Züchter oder vom Tierarzt genau erklären. Einfacher ist es, sie geben wöchentlich einmal Reinigungstropfen in die Ohren, die Sie in jedem Hundefachgeschäft oder beim Tierarzt bekommen. Nach dem Einbringen schüttelt der Mops kräftig den Kopf und das Innenohr ist sauber. Riecht das Ohr oder es kommt eine bröckelnde, schwärzliche Substanz zum Vorschein, sollten Sie den Tierarzt aufsuchen. Oft sind es nur Ohrmilben, die sich jeder Hund einfangen kann. Jedoch ist ein derartiger Befall für das betroffene Tier sehr unangenehm und mit Juckreiz verbunden. Sorgen Sie schnellstens für Abhilfe und lassen Sie den Mops vom Tierarzt medizinisch versorgen.

Ich möchte hier nicht die so genannte NASENFALTE unbeachtet lassen. Leider ist diese bei manchen Möpsen noch sehr stark ausgebildet. Jeden Tag wird sie mit einem trockenen oder mit Kamillentee getränkten Kleenex-Tuch gesäubert. Unter der Nasenfalte können sich ansonsten schwere Ekzeme bilden, die zudem übelst riechen. Auch die „Bepanthen"-Salbe können Sie gelegentlich benutzen. Bitte greifen Sie niemals, falls die Nasenfalte einmal nässt, zu Puder. Es verschlimmert die Angelegenheit. Suchen Sie im Zweifelsfall wieder Ihren Tierarzt auf.

Auch die GESICHTSFALTEN auf der Stirn werden gelegentlich mit dem Kleenex-Tuch gereinigt. Eine Entzündung dieser Kopfpartie habe ich noch nie feststellen können. Diese findet man oft bei anderen Hunderassen mit ausgeprägteren Gesichtsfalten.

Kontrollieren Sie die Länge der KRALLEN Ihres Mopses regelmäßig. Die Kralle besteht aus einem Hornmantel. In ihm befindet sich mittig verlaufend eine Ader und Nerven. Ein Mops, der sich viel auf Asphalt oder hartem Untergrund bewegt, wetzt sich seine Krallen von alleine ab. Sollten die Krallen jedoch gekürzt werden müssen, benutzen Sie einen speziellen Krallenschneider. Halten Sie die Pfote Ihres Mopses in der einen Hand und knipsen Sie vorsichtig mit der freien Hand ein Stückchen der Krallenspitze ab. Reden Sie beruhigend auf Ihren Hund ein und lassen Sie ihn nötigenfalls von einer zweiten Person festhalten. Ein ruckartiges Wegziehen der Pfote könnte zu Verletzungen führen. Ein Mops, der von Jugend an diese Prozedur gewöhnt ist, neigt nicht zur Gegenwehr. Sollte Ihr Mops helle Krallen vorweisen, können Sie den Verlauf der Blutader darin erkennen und das Beschneiden ist problemlos. Bei dunkel gefärbten Krallen sollten Sie sehr vorsichtig vorgehen und notfalls nur ganz kleine Stückchen nacheinander abschneiden. Schneiden Sie zuviel ab, so setzt eine starke Blutung ein. Gleichzeitig sind die Nervenenden verletzt und der Hund hat Schmerzen. Blutstillende Watte ist hier hilfreich oder Sie drücken ein Taschentuch auf die Blutung.

Bleiben Sie ruhig. Es ist nicht gefährlich für den Mops, doch sollten Sie Verletzungen dieser Art vermeiden. Ratsam ist es für Ungeübte, sich das Beschneiden der Krallen vom Züchter oder Tierarzt zeigen zu lassen.

Die ANALDRÜSEN des Mopses sind rechts und links etwas unterhalb des Afters angeordnet. Sie besitzen eine kleine schlauchartige Verbindung zum Anus. Manchmal ist es notwendig, diese manuell von Hand zu entleeren. Sie erkennen es daran, dass der Hund „schlittenfährt", d.h., er scheuert sein Hinterteil auf dem Boden. Aus unterschiedlichen Gründen, wie z.B. einer Verdickung des Drüsensekrets oder einer unzureichend fester Konsistenz des Kotes, können diese Analdrüsen verstopfen. Um die Analdrüsen zu entleeren, übt man mit dem Finger unterhalb der Analdrüse Druck aus und streicht diese gleichzeitig nach oben. Es kommt ein für Menschennasen übel stinkendes Sekret zum Vorschein. Wiederholen Sie diesen Vorgang, bis sich keine Absonderungen mehr zeigen. Bei manchen Möpsen ist die künstliche Entleerung in wöchentlichen Abständen erforderlich, andere benötigen diese Behandlung gar nicht.

Für unseren Mops hat das Sekret der Analdrüse eine Kommunikationsfunktion. Jedes Mal, wenn Ihr Hund Kot absetzt, erfolgt die Sekretabsonderung. Jeder Hund hat seinen eigenen, spezifischen Geruch, und um sich zu erkennen oder vorzustellen, wedeln sich die Möpse gegenseitig diesen Duft mit der Rute zu. Gefährlich wird es, wenn Bakterien in die Analdrüse gelangen. Dann können sich Infekte und Abszesse entwickeln. Sie bemerken dieses, wenn Ihr Mops schmerzempfindlich bei Berührung in der Aftergegend reagiert. Manchmal ist die verdickte Analdrüse rechts oder links in der Analregion zu erkennen. Suchen Sie bitte in diesem Fall umgehend ihren Tierarzt auf.

Einschäumen ...

... Abduschen ...

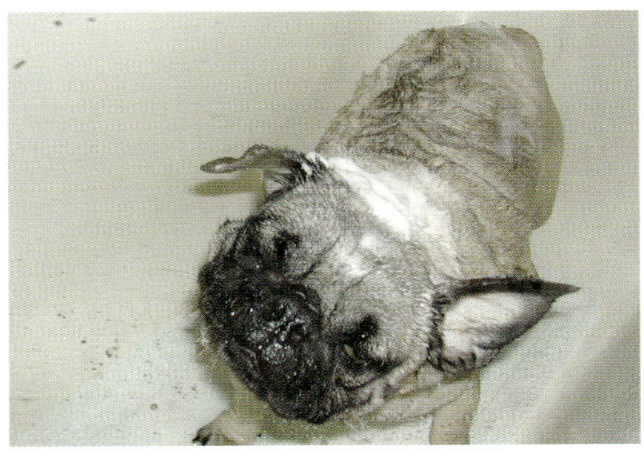

... Kräftig schütteln ...

... Abfrottieren ... **und fertig.**

Durchschnittliche Lebenserwartung

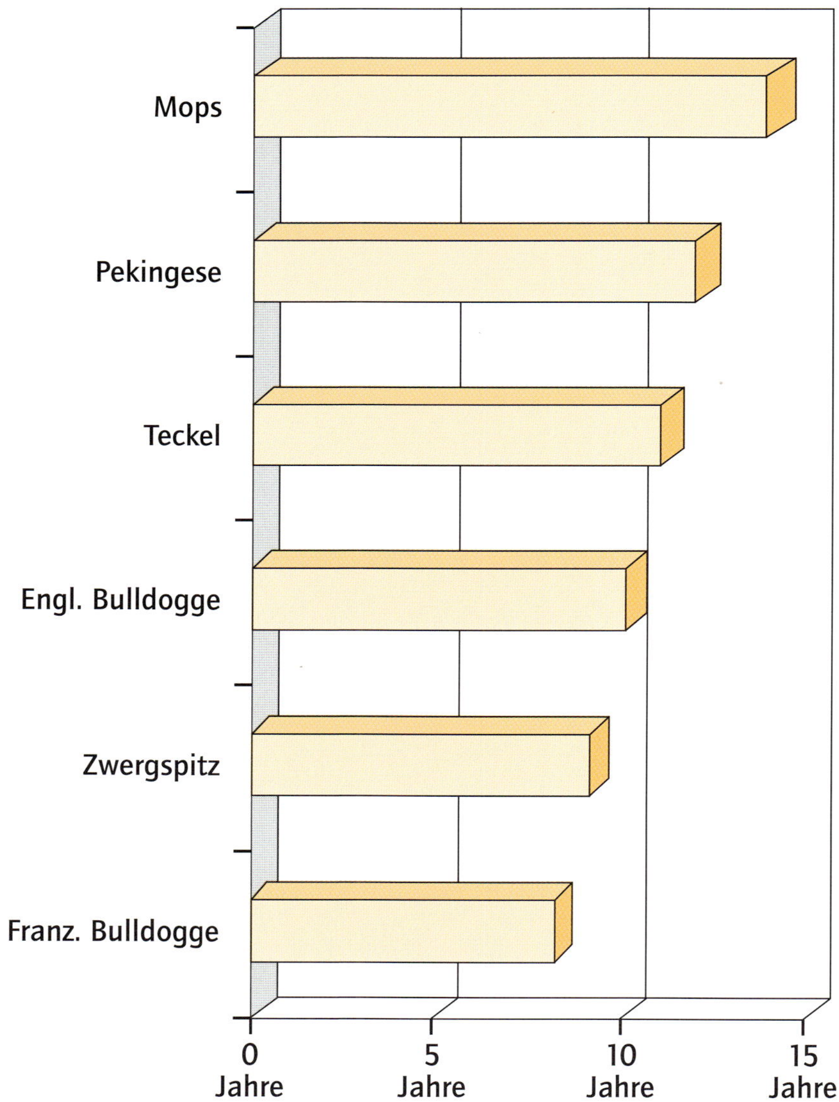

Mensch und Mops im Altersvergleich*

Mops	Mensch
3 Monate	2 Jahre
5 Monate	10 Jahre
6 Monate	12 Jahre
12 Monate	16 Jahre
18 Monate	20 Jahre
3 Jahre	28 Jahre
5 Jahre	35 Jahre
7 Jahre	45 Jahre
9 Jahre	50 Jahre
11 Jahre	60 Jahre
13 Jahre	70 Jahre
15 Jahre	80 Jahre
17 Jahre	90 Jahre

* Diese Werte geben die persönlichen Aufzucht-Erfahrungen der Autorin wieder, wobei Abweichungen durchaus möglich sind.

Armer Mops - seine Gesundheit

Bedauerlicherweise ist der Mops nicht so „fidel", wie lange Zeit behauptet. Was ihm zu schaffen macht, ist sein so genannter „Rassestandard". Das ist nun wirklich nicht die Krankheit an sich. Ein Rassestandard ist nichts anderes als die Beschreibung der körperlichen Merkmale eines Hundes. Kurz gesagt; ein Mops muss aussehen, wie es von Verfechtern dieses Rassestandards diktiert wird. Alle Züchter haben das Aussehen ihrer Hunde diesen Zuchtvorschriften anzupassen. Das Ziel fanatischer Züchter ist es, den idealen Mops zu erschaffen, den, der den Rassestandard in jeder Hinsicht erfüllt.

Jeder Züchter hat sich einem Hundeverein angeschlossen. Dieser ist für die Erstellung der notwendigen Ahnennachweise zuständig. In Deutschland gibt es viele dieser Vereine, Clubs oder Verbände. Das Zuchtergebnis - sprich - den seiner Meinung nach perfekt im Rassestandard stehenden Mops bringt man nun zu einer Hundeausstellung oder auch Zuchtwertschau genannt. Hier gibt es mehr oder weniger fachkundige Richter, die diesen Mops nun nach seinem Aussehen begutachten. Alle diese Richter wurden im Club ihrer Wahl ausgebildet und sind niemals staatlich geprüft. Richter sind Personen, die fast immer in der Zucht aktiv sind, dann bei unendlich vielen Hundeausstellungen als Helfer agieren, eine vereinsinterne Prüfung ablegen und so das Privileg erwerben, als Richter tätig sein zu dürfen. Dieser Richter wird den vorgestellten Mops nun rassestandardmäßig begutachten. Der Züchter führt seinen Mops in einen abgesteckten Ring und läuft damit schön im Kreis herum. Langsam oder schnell - ganz wie es vom Begutachter gewünscht wird. Anschließend wird er auf ein Tischchen gesetzt und rundherum abgefühlt. Wie tief ist

Ein schwer erkrankter, brachyzephal geschädigter Mops, der frühzeitig gealtert ist.

die Brust, wie die Beschaffenheit des Felles, wie die Kopfform, die Stellung der Extremitäten und was sonst noch so am Mops den Rassestandard ausmacht, wird in Augenschein genommen. Das Vorgefundene wird dann in schriftlicher Form festgehalten und mit einer Formwertnote versehen.

Nun hat der Aussteller das Glück, dass genau sein Mops nach Vorstellung des hier amtierenden Richters dem entspricht, was dieser so wünscht. Da auf jeder Ausstellung ein Titel vom Verein vergeben wird, geht jener nun an diesen Mops und seinen Besitzer, der stolz seine Trophäe in Form eines Pokals und einer Urkunde nach Hause trägt. Danach besucht dieser Mops mit seinem Aussteller weitere Zuchtschauen, wird als gut vom Richter eingestuft und so irgendwann zu einem „Champion" gekört. Um diesen Titel zu erreichen, muss unser Mops dreimal den ersten Platz erringen und nun etliche Ausstellungen besuchen müssen. Nicht jeder Richter sieht für ihn den ersten Platz vor, doch immer bleibt die Hoffnung, doch einen wohlwollenden Bewerter anzutreffen, der genau IHN für den Besten hält. Die Ausstellungserfolge werden im Ahnennachweis vermerkt; doch wie oft er nicht in die engere Wahl zum Sieger kam, bleibt im Dunkeln. Hier bin ich der Meinung, dass jeder Erfolg oder Misserfolg in den Zuchtpapieren vermerkt werden müsste. So kann sich der Käufer, der sich von diesem Champion einmal Nachwuchs in Form eines Welpen anschafft, sicher eher ein Bild von seiner Qualität machen.

Alles andere ist für mich nichts anderes als Augenwischerei. So ist es für mich bis heute nicht nachvollziehbar, dass ein Richter meinen Hund als Champion beurteilt, der nächste ihn aber als nicht einmal zur Zucht geeignet ansieht. Hier spreche ich aus eigener Erfahrung.

Warum ich nun bei dem Kapitel Gesundheit eine Ausstellung anspreche, wird Sie sicherlich verblüffen. Doch komme ich genau an dieser Stelle auf den Grundgedanken zurück. Dieser Ausstellungserfolg besagt nicht, dass Sie es mit einem gesunden und charakterlich gefestigten Mops zu tun haben. Gerade der „Champion" entspricht ja dem geforderten Rassestandard. Und dieser ist für unsere Möpse absolut qualzüchterisch ausgelegt. Noch in den 60er-Jahren fanden wir Möpse vor, die dem heutigen Standard entgegenstanden. So zeigten alle diese Möpse noch eine Schnauzpartie. In der heutigen Zeit fehlt dieses Attribut völlig. Weil es nämlich Richter gab, die den plattschnäuzigen Mops vorzogen und prämierten. Als Fazit wollte nun jeder Züchter einen solchen Hund vorzeigen können. Also vermehrte man die Champions und kam damit seinem Ausstellungserfolg immer näher. Plattschnäuzig

Zwei Hündinnen im Jugendalter, die bereits alle Symptome der asthmatischen Atmung aufweisen.

Mit A-Mei-Lou, einer Pekingesin durften wir wegen der Nasenlänge nicht mehr züchten, als wir in einen „Spezialclub", in der diese Rasse betreut und gezüchtet wird, eintraten

zeugte plattschnäuziger. Den Richtern gefiel es und so geschah das große Unglück, dass heute ein rundköpfiger, degenerierter Mops auf den Ausstellungen ganz hoch oben auf dem Treppchen steht. Wetteiferten nicht schon die Eunuchen vor ewiger Zeit darum, den Traumhund zu züchten? Deren Denkweise und den fanatischen Ehrgeiz - wir finden alles wieder auf unseren heutigen Hundeausstellungen.

Ich möchte mich in meiner Zucht hier nicht ausnehmen. Wir züchteten lange Zeit Pekingesen und besuchten damit entsprechende Hundeveranstaltungen. Wie glücklich haben wir den begehrten Pokal in die Vitrine gestellt. Dass aber jene hochdekorierten Pekingesen, die genau wie die Möpse rundköpfig sind, unter diesem Standard gelitten haben, haben wir verdrängt. Wir sonnten uns im Erfolg und sahen nicht den herannahenden Leidensweg der Hunde. Sahen wir ihn wirklich nicht - oder wollten wir ihn nicht sehen? Es wäre uns niemals in den Sinn gekommen, einem doch wohl so kompetenten Richter einen Hund mit Schnauze zu präsentieren.

Ein einziges Mal, ganz am Anfang unserer Zucht, besaßen wir eine derartige Hündin des alten Schlages. Mit unserem Eintritt in einen spezialisierten Pekingesen-Zuchtverein durften wir ab sofort diese nicht mehr als Zuchthündin einsetzen. Sie wurde vom 1. Vorsitzenden des Clubs als zuchtuntauglich abgestempelt. Diese Hündin hatte uns zuvor mehrere wunderbare und kerngesunde Welpen geboren, die heute noch mit 12 Jahren alle vital und gesund sind. Wir haben es im Nachhinein sehr bereut, diesem Verband beigetre-

Eine freiliegende Nase, eine kleine Schnauze. Dieser sechsmonatige Mops kennt keine Probleme, wie sie seine rundköpfigen Artgenossen plagen.

ten zu sein, um damit unsere Zucht mit dessen bevorzugten, rundköpfigen Pekingesen zu verderben.

Allerdings möchte ich die Erfahrungen, die wir in diesem Club gemacht haben, wirklich nicht missen. So wurde uns schriftlich bestätigt, dass hier „Neid und Missgunst" ein weit verbreitetes Übel sind. Hier kann ich nur zustimmend nicken und denke mir, gerade so wie zur Eunuchenzeit. Man sollte sich in den Hundevereinen nicht auf den Erfolg einer zweifelhaften Ausstellung ausruhen, sondern sich um die Gesunderhaltung einer Rasse kümmern. Leider ist diese wichtigste aller Grundeinstellungen zur Hundezucht auf der Strecke geblieben.

So haben wir es heute mit Möpsen zu tun, die zwar dem Standard entsprechen, jedoch ist es für uns nicht erstrebenswert, derartige Hunde zu züchten und als gesund dem ahnungslosen Welpenkäufer zu übergeben.

Unsere Möpse sind leider schwer geschädigt. Die Rundköpfigkeit, man nennt sie fachmännisch „Brachyzephalie", entstand dadurch, dass der Oberkiefer immer weiter nach hinten verschoben wurde. Die Schnauzpartie unseres Mopses verschwand infolge unserer züchterischen Fehlinterpretation bzgl. des vorgegebenen Rassestandards. Diese fatale Entwicklung leite ich zurück auf die Vorstellung unserer Richter, das „Schönheitsideal Rundköpfigkeit" in den Vordergrund zu stellen.

Warum, frage ich hier, lassen wir uns weiterhin von Richtern zu Eunuchen herunterdegradieren, indem wir unsere Möpse deren Urteilsvermögen überlassen? Wir als Züchter haben täglichen Umgang mit jedem einzelnen unserer Möpse. Vor allen Dingen aber wissen wir, wie wir unseren Mops gesundheitlich einzuschätzen haben. Was nützt der hochdekorierte Mops, der immer schwächelt? Ich plädiere an dieser Stelle dafür, dass nicht ein Zuchtrichter, sondern ein gestandener Tierarzt zusammen mit dem Besitzer entscheiden sollte, ob man einen Hund in seine Zucht einsetzt oder nicht.

Gesundheit ist in der Zucht das allerwichtigste Kriterium. Es gibt so viele Krankheiten, gegen die unser Mops nun, wie jedes andere Lebewesen, nicht gefeit ist. Aber eine Krankheit anzuzüchten, ist an Dummheit nicht zu überbieten. Wir alle haben bemerkt, dass es dem Mops mit seiner nun inzwischen platten Schnauze wirklich nicht gut geht. In jedem Fachbuch liest man, dass der Mops Atemprobleme hat. So hören wir erstaunt, dass wir unseren Mops nicht der Sonne aussetzen sollen. Ja, was wundern wir uns? Sein zurückgezogener Oberkiefer ist hier schuld; der gesamte Schlundbereich ist viel zu eng. Der Mops röchelt und schnauft. Nicht selten ist er asthmatisch veranlagt. Durch die immerwährende Atemnot wird die Luftröhre angegriffen. Die knorpeligen Ringe nutzen sich ab, werden dünner, das Gaumensegel fällt in die Luftröhre, bleibt dort stecken und plötzlich ist er da; der erste Erstickungsanfall!

Ich wünsche jedem Mopsbesitzer, dass er niemals an ein solches bedauernswertes Tier gerät. Unvermittelt, aus dem Schlaf heraus, springt Ihr Mops auf, wirft sich auf den Rücken, strampelt verzweifelt mit den Beinen und jappst erbärmlich nach einem kleinen bisschen Luft. Seine Augen sind groß aufgerissen, blutunterlaufen. Seine Zunge hängt aus dem Mäulchen; bis plötzlich, völlig unerwartet, der entsetzliche Spuk ein Ende hat. Der Mops hat seinen ersten Anfall hinter sich. Bis zum nächsten Mal. Immer häufiger und in immer schnelleren Abständen kommen diese Erstickungsanfälle und Sie können nur hilflos danebenstehen. Jeder neue Anfall dauert länger - unendlich lang - irgendwann dann verliert Ihr Mops den Kampf um die Luft. Ein grausamer, unvorstellbar qualvoller Tod setzt seinem Leiden endlich ein Ende.

Oh, Mops, was musst du noch erleben? Erst waren es die Damen der Biedermeierzeit (ca. 1815 - 1850), die dich in ihrer großzügigen Güte voll stopften, bis du nicht mehr laufen konntest! Dazwischen schnitt man dir die Ohren ab, verhöhnte dich zeitweise als Witzfigur und nun im 21. Jahrhundert haben Züchter und Richter es geschafft, dich erbarmungslos solchen Torturen auszusetzen, die sich mit deinem Leben nicht mehr vereinbaren lassen!

Oh Mops, ich bin mir sicher, das 21. Jahrhundert hätte deinen Untergang eingeläutet. Gäbe es da nicht den MPRV, der Dich schützt.

Als ich einem rigorosen Anhänger der „Rundköpfigkeit" einmal über den Leidensweg eines so atemgeschädigten Mopses erzählte, tat er es als Ammenmärchen und erfundenes Gruselszenario ab. Ich versichere an dieser Stelle, ich habe es so erlebt und habe mir seinerzeit geschworen, dass so ein Horror sich in unserem Hause nicht mehr abspielen wird.

Eine besonders ansprechende Mopscollage

Den gesunden Mops fanden wir in Deutschland noch in den 60er-Jahren überall vor. Ein kleines Schnäuzchen, der Rachen nicht verengt. Auch seine Nasenlöcher nicht so winzig und undurchgängig wie man sie heute immer wieder vorfindet. Die dicke Nasenwulst, „Nasenfalte" genannt, war nur angedeutet oder sie fehlte völlig. Man muss sich vorstellen, dass zu dem engen Schlund und den undurchgängigen Nasenlöchern nun zu allem Unglück noch eine dicke Nasenfalte gezüchtet wurde. Sie liegt über dem Nasenrücken und behindert die Atmung noch zusätzlich. Genau dieses monströse Rassemerkmal lässt den Kopf des Mopses noch runder erscheinen. Da freut sich der Richter. So ein toller, runder Kopf. Wie im Rassestandard vorgeschrieben. In den paar Minuten, die dieser Mops dem Richter gezeigt wird, sieht man ja seinen lebensbedrohlichen Zustand nicht. Ein kurzer, runder Kopf, die dicke Nasenfalte; da steht er nun „der Champion". Besonders angetan ist dann der Richter, wenn dieser Mops nun noch große, runde Augen sein eigen nennt. Ja, wunderbar! Doch der Alltag lehrte uns längs, wie gefährlich dieses ist. Immer wieder sind diese Augen entzündet oder sie weisen Verletzungen auf. Ich plädiere hier dafür, dass die Augen zukünftig mandelförmig auszusehen haben. Eine kleine

Schnauze, mandelförmige Augen und Ihr Mops kann mit jedem Hund einer anderen Rasse spielen. Manchmal passiert es eben – da berühren sich die Hunde nur leicht mit den Pfoten in der Kopfregion – und sofort wird das Auge des Mopses getroffen. Da ist keine Schnauze im Weg, die den Hieb abfangen könnte. Wenn das Auge Ihres Hundes nun eine Verletzung aufweist, so ist das noch harmlos und heilbar. Leider aber geschieht nicht selten das Unglück, dass das Auge Ihres Mopses aus der Augenhöhle herausfällt. In fast allen Fällen verliert der Mops sein Augenlicht, selbst wenn schnellste Hilfe durch einen Tierarzt geleistet wird. Dieses ist der Grund, dass es so viele Möpse gibt, denen ein Auge fehlt; da wo das große Auge saß, ist nun eine zugenähte Augenhöhle. Sicherlich, die Hundebesitzer beteuern mir immer wieder, dass es dem Mops nichts ausmacht, ja, er habe sich daran gewöhnt und käme sehr gut damit zurecht. Jedoch habe ich wenig Verständnis dafür, dass man ein so übergroßes, zudem vorstehendes Auge züchtet und die damit verbundenen Gefahren billigend in Kauf nimmt.

An dieser Stelle flechte ich ein Schreiben von Herrn Prof. Dr. Bernhard M. Spiess, Universität Zürich, vom 25.01.2002 ein, dass an den 1. Vorsitzenden unseres Verbandes gerichtet ist.

Sehr geehrter Herr Willms,
Herzliche Gratulation für Ihren gelungenen Internetauftritt (www.MPRV.de). Es ist eigentlich schade, dass in Deutschland immer wieder „dissidente" [1] *Züchter eigene Clubs gründen müssen um ihre meist gut gemeinten Anliegen zum Wohle des Hundes in die Tat umsetzen zu können. Offenbar erfahren sie im ursprünglichen Klub zu wenig Unterstützung und Rückendeckung durch den VDH. Es ist aus augenärztlicher Sicht sehr zu begrüßen, dass sich endlich jemand der brachyzephalen Rassen annimmt (es gibt noch mehr davon!) An unserer Klinik bilden diese Hunde den Hauptharst aller Patienten mit schwerwiegenden Augenveränderungen, v.a. Verletzungen und Geschwüre der Hornhaut. Es darf doch nicht sein, dass wir bei vielen Vertretern dieser Rassen erst die Lidspalten verkürzen und die Nasenfalten entfernen müssen, damit sie problemlos, d.h., ohne fortschreitende Pigmentierung der Hornhaut und ohne wiederkehrende Geschwürsbildung durchs Leben gehen können. Daher bin ich sehr froh, wenn Sie in Ihrem Klub die Gesundheit und Leistungsfähigkeit der Möpse und Pekingesen wieder etwas mehr in den Vordergrund rücken. Meine zugegebenermaßen etwas einseitige und pragmatische Sicht der Dinge würde allerdings im Rassestandard vor allzu prominenten und buschigen Nasenfalten warnen und versuchen, die Nase etwas zu verlängern, sowie die Lidspalte kleiner zu halten. Es gibt immer wieder solche Exemplare über die ich mich jedes Mal sehr freue – allerdings kommen Sie zumindest in der Schweiz an Ausstellungen schlecht weg.*

Mit freundlichen Grüßen
Prof. Dr. B. Spiess

Eine Schnauze, große Nasenlöcher und kleine, mandelförmige Augen. Züchter und Hundeverbände, die dieses in heutiger Zeit als Zuchtziel ansehen, sind die Vorreiter eines gesunden, hundefreundlichen Mops-Standards. In wenigen Jahren wird man diese Züchter, die sich heute als „Weltverbesserer" oder „naive Spinner" durch den Mops- bzw. den Pekingesenclub in Deutschland beschimpfen lassen müssen, als „maßgebende Veränderer" in der Mopszucht ansehen.

[1] *abtrünnige*

An dieser Stelle, denke ich, werden nun die Fanatiker des Mops-Rassestandards die Autorin mit „steinigt-sie-Rufen" zur Ruhe bringen wollen. Leider aber wäre den Möpsen damit nun wenig gedient. So wenig, wie auch Ihnen, verehrte Standardverteidiger. Selbst, wenn ich mit meiner Anwesenheit nicht mehr für Angriffe von Ihrer Seite gegenwärtig wäre, so gibt es genügend motivierte junge und verstandsgesteuerte Menschen, die meine Arbeit konsequent fortsetzen werden. Es tut mir nur leid um die armen Kreaturen, die Möpse genannt werden , die ein Leben in Leid und mit unnötigen Schmerzen verbringen müssen, da eben die entsprechende Einsicht von Seiten einiger Züchter und Verbände fehlt. Und ob Ihnen meine Ansichten nun gefallen oder nicht, im Interesse unserer Möpse werde ich mich nachstehend noch unbeliebter machen.

Ich beanstande vehement die Dickleibigkeit unserer Möpse. Noch immer sieht man vollgefütterte Möpse - vor allen Dingen auf Ausstellungen - die, bedingt durch ihren Körperumfang, nur noch mühsam den Platz auf dem Treppchen erklimmen können, den man als so begehrenswert ansieht. Auch hier sehen Richter genau diese fetten Möpse als besonders gelungene Exemplare an. Dazu das schon angeborene Brachyzephal-Syndrom und der Herzschaden ist vorprogrammiert. Deshalb erhebe ich hier den Zeigefinger und sage: „Füttern Sie Ihren Mops niemals fett". Selbst wenn Sie von den Ausstellungen dann mit einem schlecht bewerteten Hund nach Hause ziehen. So erzählte mir eine Ausstellerin kürzlich, dass in dem Richterbericht erwähnt wird, ihr Mops sein „leibarm" und dass er deshalb eine schlechte Formwertnote erhalten habe. Dieser Mops war dem Richter, einfach gesagt, nicht fett genug. Über derartige Äußerungen kann ich nur lachen, zumal ich dieses Wort „leibarm" gar nicht im Duden finden kann. Freuen Sie sich an Ihrem fidelen Mops und ersparen Sie sich und ihm zukünftig derartige Erfahrungen.

Problematisch ist leider auch die Größe der Möpse. In jedem Wurf fallen sowohl kleine als auch größere Möpse. Hier appelliere ich an die Züchter. Setzen Sie nur die größten und kräftigsten Hündinnen zur Zucht ein. Nur so können Sie vermeiden, dass das Becken Ihrer Hündin zu eng ist und es zu einem überflüssigen Kaiserschnitt kommt. Eine kernige Zuchthündin kann ihre Welpen normal gebären. Welpen aus Kaiserschnitten setzen Sie bitte auch nicht in der Zucht ein. Denken Sie daran, dass nicht jeder Mopsliebhaber einen kleinen Mops sein eigen nennen will. Aus eigener Erfahrung kann ich sagen, dass gerade die Größeren eine bessere Resonanz finden und gerne vom Käufer angenommen werden. Ich weiß nicht zu sagen, woran dieses Käuferverhalten liegt. Oft wird mir berichtet, dass die neue Landeshundeverordnung hier ursächlich ist. Man sucht einen nicht zu kleinen, kräftigen Hund mit Energie, bei dem man sich nicht an jeder Ecke mit Kampfhundgegner und deren Ansichten konfrontiert sieht. Um den Mops nun nicht übermäßig groß werden zu lassen, kompensieren wir die Zucht in der Art, dass wir sehr kleine Rüden verwenden und haben damit alles anzubieten. So ist bei den Möpsen für jeden Geschmack genau derjenige zu bekommen, den Sie als neuen Hausgenossen ins Herz schließen werden oder es längst haben.

Qualzucht - Brachyzephalie

In meinen ersten Kapiteln dieses Buches wurden Sie mit der „Brachyzephalie“ konfrontiert. Darunter versteht man eine „Rundköpfigkeit“ die eine angezüchtete Erkrankung des Mopses zur Folge hat und mit dessen Auswirkungen ich Sie bereits bekannt gemacht habe. Sie kann in sehr schwerer Form Ihren Mops belasten, aber auch weniger deutlich ausgeprägt sein.

Bei unserem Mops erkennt man diese „Brachyzephalie“ daran, dass sein Kopf breit und rund ausgeformt ist. Der Gesichtsschädel mit Kiefer und Nasenknochen ist extrem verkürzt. Praktisch hat der Mops keine Schnauze. Der Zahnschluss kann durch einen ausgeprägten Vorbiss, d.h., der Unterkiefer steht vor dem Oberkiefer, so mangelhaft sein, dass es zu einer ungenügenden Gebissfunktion kommen kann. Die Augen unseres Mopses treten weit hervor und sind hochempfindlich für traumatische Augenerkrankungen und Geschwüre. Die Nase finden wir tief am Schädel liegend, die Nasenlöcher sind verengt, was bedeutet, dass der Mops anfällig ist für Infektionen und Erkrankungen der oberen und unteren Luftwege.

Bei einer Brachyzephalie ist praktisch der gesamte Schlundbereich des Hundes viel zu eng. Trotz dieser Anomalie aber müssen nun alle Organe hier untergebracht werden. Im

Dieser rundköpfige, durch das Brachyzephal-Syndrom erkrankte Mops, wurde bereits operiert.

Ein typischer Zungenblitzer.

Rachen, dem hintersten Teil der Schnauze, genau dort, wo Luft- und Speiseröhre beginnen, finden wir das Gaumensegel vor. Diese weiche Ausdehnung des harten Gaumens hängt herunter und teilt den Rachen in zwei Hälften. Das Gaumensegel schließt bei unserem Mops, der zu den Nasenatmern zählt, den Rachenraum zwischen der Luft- und Speiseröhre ab. Bevor nun die Luft durch die Nase in die Lungen gelangt, wird sie gefiltert, erwärmt und befeuchtet. Die Nase ist also nicht nur Riech-, sondern auch Atmungsorgan, welches die Lunge und das Herz mit Sauerstoff versorgt. Zusätzlich befinden sich in der Nase Flimmerhaare, die die Aufgabe erfüllen, die eingeatmete Luft zu reinigen, bevor sie die Lunge erreicht und damit den gesamten Körperkreislauf mit Sauerstoff versorgt. Da nun aber unser brachyzephal gezüchteter Mops eine extrem kurze Nase vorzeigt, zusätzlich viel zu enge Nasenlöcher besitzt, ist dieses Riechorgan mit erheblich weniger Flimmerhärchen ausgestattet und die Bronchien legen Sonderschichten ein, um die Lunge vor den eingeatmeten Fremdpartikeln zu schützen. Durch die eingeschränkte Luftzufuhr atmet der Mops nun schneller, um seinen Körper mit Sauerstoff zu versorgen. Das Herz muss erheblich öfter schlagen, um das sauerstoffangereicherte Blut in den Herzkreislauf zu pumpen. Es wird permanent überbeansprucht und ist entsprechend anfällig für Krankheiten.

Ist es nun sehr heiß oder Ihr Hund ist schnell gelaufen, beginnt der Mops mit offener Schnauze zu hecheln. Dieses Hecheln dient jedoch nicht dem Sauerstoffaustausch, sondern bewirkt, dass Ihr Hund Körperwärme abgibt – der Mops schwitzt. Bei dem hier angesprochenen Hecheln wird das Atemvolumen nicht erhöht, und so findet man auch nicht so schnell hyperventilierende Hunde vor.

Jedoch beginnt der Mops aber auch dann mit geöffneter Schnauze zu atmen, wenn er an Krankheiten im Rachenraum leidet. An dieser Stelle komme ich zurück auf das lose flatternde, zu lange und weiche Gaumensegel. Fällt dieses in die Kehlkopföffnung, so beginnt Ihr Hund zu schnarchen. Bei unserer kurzschnäuzigen Rasse hat sich leider das Gaumensegel des Mopses dem verkürzten Gesichtsschädel nicht angepasst. Es ist schlichtweg normal geblieben und zu groß für seinen Rachenraum. Da es seinen Sitz im hinteren Schlundbereich hat, behindert dieses Gaumensegel die Atmung des Hundes in erheblichem Maße. Gleichzeitig besteht die Möglichkeit, dass dieses in der Kehlkopföffnung stecken bleibt und der Mops einen Erstickungsanfall bekommt. Die Sauerstoffzufuhr und die Funktionsfähigkeit des Körperkreislaufes sind unterbrochen. Im schlimmsten Fall stirbt Ihr Mops.

Wie aber soll ich mich nun in dem Fall, dass mein Hund kollabiert, verhalten? Zunächst versuche ich, das Maul zu öffnen und die Zunge herauszuziehen. Auch diese ist oft viel zu groß und hat nicht genügend Platz in seinem kurzen Kopf. Manchmal sehen Sie Möpse, die ihre Zunge zeigen oder darauf beißen, was ein Beleg dafür ist, dass sich die Organe der Mundhöhle nicht dem kurzschnäuzigen Hund angepasst haben. Auch die Zunge ist normal ausgebildet und somit zu groß. Ziehen Sie diese deshalb, so schnell Sie können, aus dem Maul. Halten Sie ein Asthma-Spray bereit und sprühen Sie dies direkt in die geöffnete Schnauze. Zusätzlich massieren Sie die Halsgegend des Mopses und suchen Sie umgehend Ihren Tierarzt auf.

Sollte Ihr Mops viel röcheln und schnaufen, nehmen Sie dieses Asthmaspray bitte immer mit, egal, wohin Sie mit dem Mops gehen. Bitte vergessen Sie es auch nicht auf dem Spaziergang. Ein Erstickungsanfall kann Ihren Mops zu jeder Tages- und Nachtzeit überraschen. Es ist wichtig für den betroffenen Halter, diesen Hund auch des Nachts zu überwachen. Ich kenne Mopsbesitzer, die in der Sommerzeit mit Ihrem Hund auf der Terrasse oder auf dem Balkon übernachten, damit sich das gequälte Tier nach einem heißen Sommertag von seinen Strapazen erholen kann. Einige Mopshalter duschen ihren Hund an schwülen, drückenden Sommertagen regelmäßig kalt ab.

Als letzter Ausweg bleibt nur noch eine Operation. Erkundigen Sie sich im MPRV nach entsprechend fachkundigen Tierärzten. Da sich aber im Wachstum an Zunge und Gaumensegel noch vieles verändern kann, sollten Sie eine OP erst dann in Betracht ziehen, wenn der Mops ausgewachsen ist. Allerdings nur, wenn das Gaumensegel bedrohlich oder stark verlängert ist. Um dieses feststellen zu lassen, suchen Sie bitte einen Fachmann auf, auch wenn der Weg zu einem dieser spezialisierten Tierärzte oft weit ist. Ich gebe hier zu bedenken, dass Ihr Hund nach einer derartigen OP nun keinesfalls gesund ist. Jedoch haben Sie alles getan, um ihm ein einigermaßen erträgliches Leben zu ermöglichen.

Vielleicht haben Sie aber auch das Glück, dass es nur die üppige und schwere Nasenfalte ist, die die Atmung Ihres Mopses beeinträchtigt. Diese lässt sich ebenfalls operativ entfernen.

Wie alle Operationen ist keine risikolos und verursacht manchmal nicht unerhebliche Kosten. Beim Kauf eines Mopses sollten Sie sich immer vor Augen halten, dass es zu derartigen Folgekosten kommen kann. Selbst

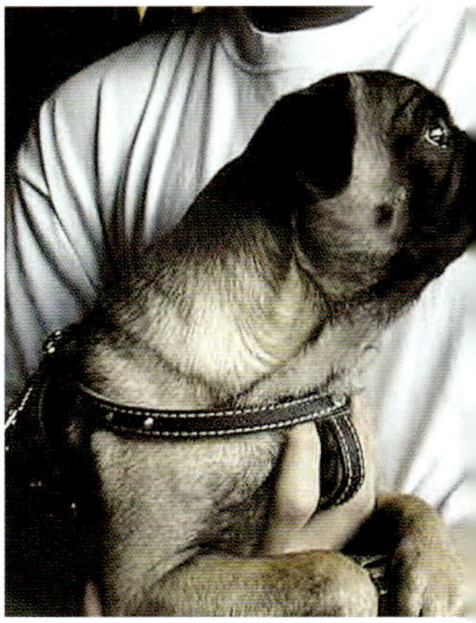

PRV e.V. gezüchtet

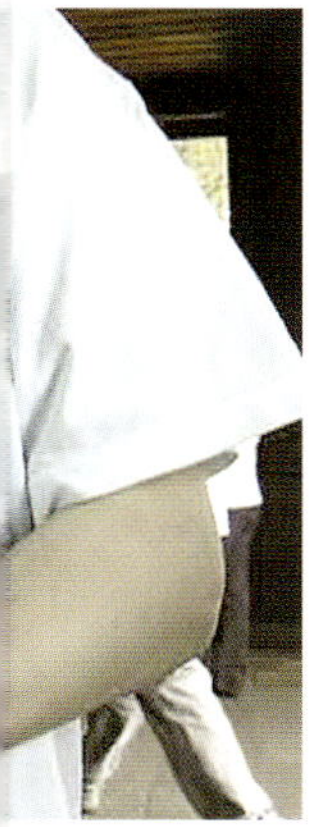

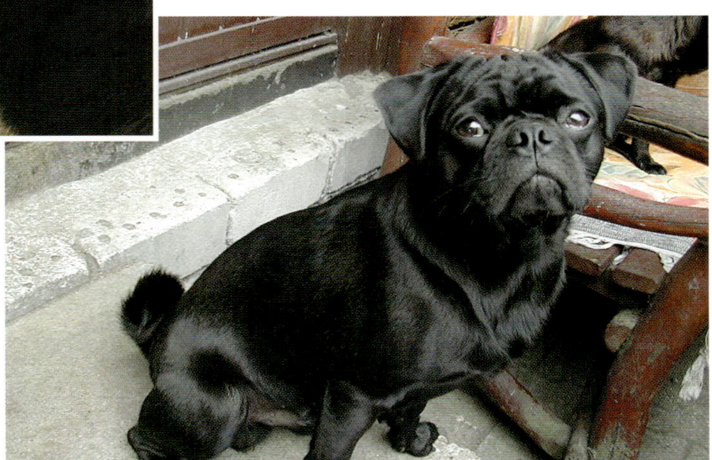

wenn Sie Ihren Mops im MPRV erworben haben, wird Ihnen jeder Züchter erklären, dass diese Hunde 40 Jahre lang standardmäßig so qualgezüchtet wurden, dass auch hier, trotz intensiver Bemühungen aller Züchter dieses Verbandes, ein so geschädigter, mit der Brachyzephalie behafteter Mops, an genau SIE abgegeben wird. Bedauerlicherweise ist die Erkrankung bei der Abgabe im Welpenalter noch nicht erkennbar. Vierzig Jahre Züchtung einer Rasse in die gesundheitlich falsche Richtung lassen den genetischen Schatten immer wie ein Damokles-Schwert über uns schweben. Wie gesagt, auch der MPRV ist nicht gefeit gegen das Brachyzephal-Syndrom, doch sämtliche unserer auserlesenen Züchter bemühen sich um die Gesundheit der Möpse.

Sie kennen genau deren Ahnen und wissen, wo diese Krankheit einmal zum Vorschein gekommen ist. Brachyzephal vorgeschädigte Hunde benutzen wir niemals als Elterntiere. Doch der genetische Schatten liegt über jedem Mops. Erfreulicherweise kann ich als Züchterin hier behaupten, dass die Natur sich auf unsere Seite geschlagen hat. Die Nasenfalten konnten die Züchter im MPRV fast völlig verschwinden lassen oder sie sind nur noch rechts und links am Kopf leicht angedeutet.

Die Natur hätte derartige verkrüppelte Wesen mit extremer Atemnot sicherlich erst gar nicht überleben lassen. Es waren die Menschen, die hier ihre Hände im Spiel hatten. Nun können wir nur dankbar sein, dass die Natur sich so schnell von solchen fehlgezüchteten Anlagen wieder verabschiedet. Denken wir über Generationen in der Hundezucht und der genetische Schatten wird bald nicht mehr vorhanden sein.

Es ist für mich unverständlich, dass sich nach aller Aufklärung ein Personenkreis findet, der die gesundheitsfeindliche Züchtung nach wie vor befürwortet. Ja, er stellt sich sogar gegen das Tierschutzgesetz, dass ganz klar in § 11b sagt:

Es ist verboten, Wirbeltiere zu züchten oder durch bio- oder gentechnische Maßnahmen zu verändern, wenn damit gerechnet werden muss, dass bei der Nachzucht, den bio- oder gentechnisch veränderten Tieren selbst oder deren Nachkommen erblich bedingt Körperteile oder Organe für den artgemäßen Gebrauch fehlen oder untauglich oder umgestaltet sind und hierdurch Schmerzen, Leiden oder Schäden auftreten.

Zugute kam es unserem MPRV, dass das Bundesministerium für Ernährung, Landwirtschaft und Forsten (BMELF) ein Gutachten zur Auslegung von § 11b des Tierschutzgesetzes erstellen ließ, in dem Bundeslandwirtschaftsminister Karl Heinz Funke in seinem Vorwort zum Gesetzestext äußerte:

Mit dieser Problematik beschäftigte sich auch der Europarat im Rahmen des Europäischen Übereinkommens zum Schutz von Heimtieren. Im Zuge der Beratungen der Vertragsparteien wurde bereits 1995 eine Diskussion mit internationalen Hunde- und Katzenzuchtverbänden initiiert, um tierschutzrelevante Zuchtstandards zu ändern oder gar einen Verzicht auf die Zucht bestimmter Rassen zu erreichen. Gemäß der hierbei gefassten Resolution intensivierte das Bundesernährungsministerium (BML) die Diskussion mit den Verbänden und leistete Aufklärungsarbeit. <u>Durch Appelle konnten die Verbände jedoch nicht in ausreichendem Maße dazu bewegt werden, auf tierschutzwidrige Rassestandards zu verzichten und Übertypisierungen bei der Zuchtauswahl zu vermeiden.</u>

Die Sachverständigen dieses Gutachtens gehen sehr speziell auf die „Brachyzephalie" ein und erwähnen hier wörtlich den Mops. Sie beanstanden Stenosen in den Nasenöffnungen und -gängen, einen relativ zu langen, weichen Gaumen und weisen darauf hin, dass hier Atembeschwerden bis hin zu Atemnot, Störungen der Thermoregulation (Tiere sind hitzschlaggefährdet) und Schluckbeschwerden als Folgeerscheinungen auftreten.

Zusätzlich gehen sie auf die weit aus dem Kopf hervorstehenden Augen ein und lassen nicht unerwähnt, dass es hier zu traumatischen Augenerkrankungen kommen kann.

Auch die Schwergeburten bei den extrem rundköpfigen Rassen werden kritisiert.

Als kurze Orientierungshilfe empfiehlt die Kommission der Gutachter für

die „Rasse"

Mops

unter „Merkmal"

Brachyzephalie

unter „Zucht"

ein Verbot für Tiere mit extremer Rundköpfigkeit insbesondere disproportionierter Verkürzung der Gesichtsknochen!

Dieses Gutachten können Sie anfordern beim

Bundesministerium für
Ernährung, Landwirtschaft und Forsten
- Referat Tierschutz -
Postfach
53107 Bonn

Sie bekommen es kostenlos zugesandt und können sich hier weitere Informationen anlesen.

Nach diesem aussagekräftigen Gutachten halte ich es für skrupellos, den Möpsen weiterhin Leiden anzuzüchten und sich gedankenlos einem Rassestandard zu unterwerfen, um diese züchterisch gewollten, rassetypischen Merkmale dann chirurgisch zu entfernen oder auch zu modifizieren. Personen, die etwas auf sich halten und die sich zu Recht als „Züchter" bezeichnen, werden schlichtweg keine Möpse, die mit der Brachyzephalie behaftet sind, in die Welt setzen. Sie gehen nicht unbelehrbar über ein Gutachten hinweg und laufen keine Gefahr, sich nach dem Tierschutzgesetz §11b strafbar zu machen.

Wir im MPRV haben nicht nur die Lebensgefahr für den Mops erkannt, wir schwimmen gegen den Strom und setzen alles daran, den Mops ohne „Brachyzephalie" zu züchten.

Nicht unerwähnt lassen möchte ich hier, dass außerhalb Europas Möpse mit dieser Krankheit so gut wie nie behaftet sind. Warum gestehen wir unseren Möpsen nicht einen Rassestandard zu, an welchem kein Tierarzt Hand anlegen muss?

Nun sind Sie glücklicher Besitzer eines gesunden Mopses. Damit das so bleibt, braucht Ihr Hund Futter. Die Futtermittelindustrie bietet da ein reichhaltiges Angebot und es ist schwer, hier das Richtige für Ihren Mops herauszufinden. Es gibt unendlich viele Hersteller, die behaupten, genau ihr Futter habe die Inhaltsstoffe, die Ihr Mops braucht.

Ich will hier nicht näher auf die Zusammensetzung des Hundefutters eingehen. Sie werden in jedem Hundefachbuch, sowie bei Ihrem Lieferanten umfassend darüber informiert.

Ein Hund stammt vom Wolf ab und seine Futterrationen holte er sich in der freien Natur, indem er andere Tiere riss. Die Ahnen unseres Mopses waren Jäger und verschlangen ihre Beute mit Haut und Haar. Damit nahmen sie auch Innereien wie Magen und Darminhalt auf und wurden so mit lebenswichtigen Vitaminen und Mineralien versorgt. Durch den Mageninhalt ihrer Beutetiere bekamen sie zugleich, wenn auch über einen Umweg, pflanzliche, teilweise schon vorverdaute Rohstoffe zugeführt.

Ist der Wolf auch ein Fleischfresser, so begnügte er sich dennoch in kargen Zeiten mit Gräsern, Früchten und gelegentlich auch Insekten. Doch immer bestand seine Hauptmahlzeit aus Fleisch, sodass es auch kleine Tiere, wie etwa Mäuse waren, die er zu sich nahm.

Von Geburt an werden unsere Möpse zunächst von der Mutter, anschließend von

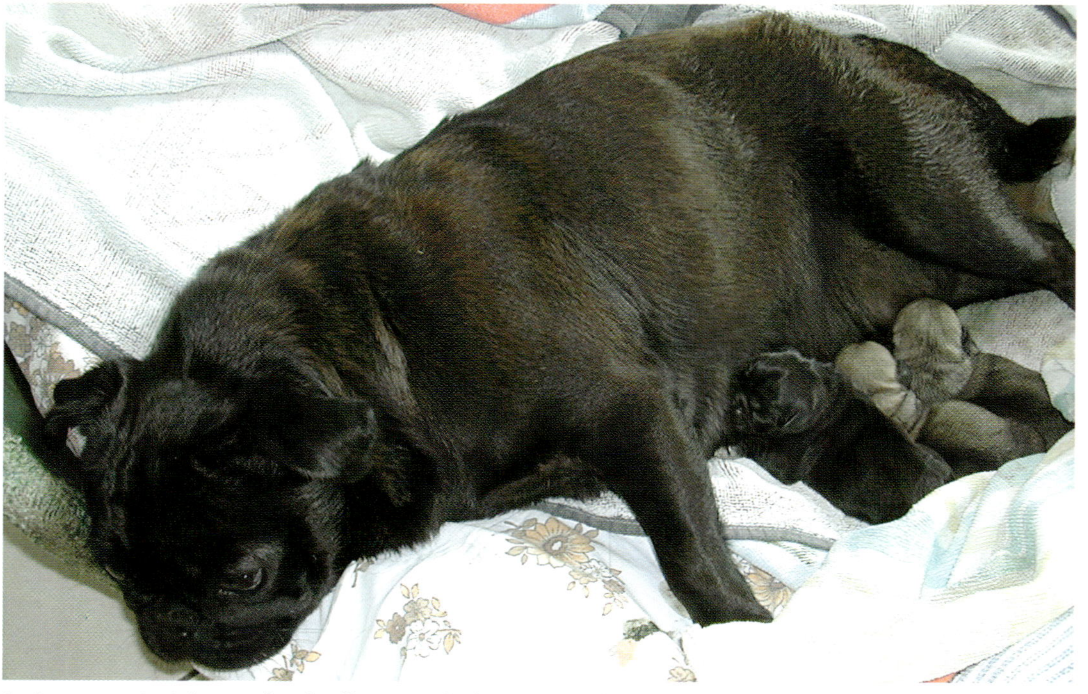

In den ersten vier Lebenswochen ist die Mutter der beste Futterlieferant. Erst dann beginnt der Züchter langsam und vorsichtig mit der Beifütterung der Welpen.

Futterneid kann man vermeiden, wenn jeder Mops weiß, was für ihn vorgesehen ist.

uns futtermäßig versorgt. Da sie nie jagen brauchten, ist dieser Trieb bei einem Mops nicht mehr vorhanden. Wie bei jeder anderen Hunderasse sind deshalb Sie zuständig dafür, dem Mops eine optimale Ernährung zu bieten.

Wenn Sie Ihren Mops bei einem seriösen Züchter ausgesucht haben, wird er Ihnen genau gesagt haben, welches Futter seiner Meinung nach das Beste für diesen Hund ist. Bestimmt haben Sie durch den Züchter, oder, so es sich um ein älteres Tier handelt, durch seinen Vorbesitzer auch erfahren, wie oft, welches und wie viel Futter Sie anbieten sollten.

Jeder Hund ist verschieden und benötigt unterschiedliche Futtermengen. Wenn sein Fell glänzt, seine Rippen optisch nicht hervortreten, jedoch mit der flachen Hand fühlbar sind, ist Ihr Mops gut genährt. Möpse sind immer gute Kostgänger und Allesfresser. Deshalb liegt es in Ihrer Hand, die Gesundheit Ihres Hundes durch eine übermäßige oder falsche Fütterung nicht zu gefährden. Bei einer Futterumstellung gehen Sie sehr vorsichtig vor. Über einen Zeitraum von mindestens einer Woche mischen Sie immer wieder das neue Futter in kleinen Portionen unter das Gewohnte. Nicht jeder Hund verträgt jedes Futter. So kann es zu Durchfällen, Hauterkrankungen oder Allergien kommen, wenn Sie hier nicht sehr sorgfältig vorgehen.

Fertigfutter ist grundsätzlich für Ihren Mops empfehlenswert. Es ist inzwischen so ausgewogen, dass Sie Ihrem Hund alles zuführen, was er benötigt. Ein weiterer Vorteil liegt darin, dass Sie dieses problemlos mitnehmen können, egal wohin Sie mit Ihrem Mops reisen.

In unserer Zucht haben wir uns zu einer - zugegebenermaßen von Fachleuten nicht akzeptierten – ungewöhnlichen Fütterung entschlossen. Da wir mehrere Möpse besitzen und diese unterschiedliche Futtermengen benötigen, steht bei uns immer ein gefüllter Napf mit Hartfutter. Hier kann sich jeder Hund über den gesamten Tag frei bedienen. Jedoch habe auch ich den Drang, meine Hunde zu verwöhnen. So mache ich mir die Mühe, jeden Mittag für meine Möpse selbst zu kochen. Geflügel-, Rindfleisch, Fisch, Nudeln, Kartoffeln oder Reis stehen auf dem Speiseplan. Aber auch Käse, Eier, Quark sowie zwischendurch rohes Gemüse in Form von Karotten, Kohlrabi, Blumenkohl mögen unsere Möpse gern. Erbsen, Zwiebeln, Lauch vermeide ich bei der Fütterung. Kohlsorten, wie z.B., Grün-, Rot- oder Weißkohl, die Blähungen verursachen können, bekommt keiner unserer Hunde zu Gesicht. Wir beherbergen auch Möpse, die Obst in Form von Bananen, Birnen oder Äpfel gerne zu sich nehmen und auch gut vertragen.

Mein selbstgekochtes, handwarmes Mahl nehmen unsere Möpse mit größter Freude zu sich. Wer dann noch Hunger hat, der geht an den Napf mit Hartfutter und holt sich einen Nachschlag, bis ein Sättigungsgefühl vorhanden ist. Obwohl diese Art der Ernährung wirklich von den Fachleuten nicht empfohlen wird, habe ich bei unseren Möpsen damit sehr gute Erfahrungen gemacht. In unserer Zucht finden Sie keinen fetten Mops. Jeder Hund weiß, dass er sich jederzeit frei bedienen kann. So kommt es auch nicht zu Futterneid, und schlingen sehen Sie unsere Möpse schon gar nicht.

Jeder Mopsbesitzer hat den natürlichen Drang, seinen kleinen Liebling zu verwöhnen. Das ist völlig normal und keineswegs ungewöhnlich. Ich gebe hier offen zu, dass ich unsere Möpse sicherlich auch durch meinen „eigenen Herd" verwöhnt habe. Allerdings haben sie gelernt, brav auf dem Boden zu sitzen und zu warten, bis die Familie selber gespeist hat, dann erst kommt es zu einer regelrechten Fütterungs-Zeremonie, an der wirklich alle, Zweibeiner und Vierbeiner, ihre Freude haben.

Zwischendurch biete ich den Möpsen auch kleine Büffel-Kaustangen an, an denen sie

Eine Büffelhaut-Kaustange eignet sich hervorragend zum Zeitvertreib, stärkt die Kaumuskulatur und pflegt das Gebiss.

Ein Löffel, von dem man seinen ersten Brei schlabbert, eignet sich auch prima als Spielzeug.

dann herumknabbern können und die gleichzeitig den Sinn einer Zahnpflege erfüllen.

Ich möchte an dieser Stelle nicht unerwähnt lassen, dass ich tragende und säugende Hündinnen vom Rudel getrennt halte, da diese ein anderes inhaltlich reichhaltigeres Futter benötigen. Das Gleiche gilt für einen kranken Mops oder die Welpen. Ein kranker Mops braucht evtl. ein Diätfutter, das Ihnen Ihr Tierarzt empfehlen wird. Bitte halten Sie sich dann unbedingt an diesen Rat und lassen Sie sich nicht von den flehentlichen Augen des Mopses oder seiner sorgenvoll in Falten gelegten Stirn zu irgendwelchen Handlungen bzgl. der Fütterung hinreißen. Ich weiß, es ist unendlich schwer, einem Mops zu widerstehen, doch Sie erweisen weder dem Tier noch sich selbst einen Gefallen.

Manchmal gibt es für unsere Möpse, wobei ich ausdrücklich einen erkrankten Hund oder die Welpen ausschließe, Festtage, wie etwa zu dem Zeitpunkt, wenn im Garten gegrillt wird. Da fällt dann schon mal das eine oder andere Stückchen für unsere Möpse ab.
Auch Weihnachten und an Geburtstagen verwöhne ich sie – gegen jeden fachmännischen Rat – mit einer schönen, leckeren Wurst. Spezielle Wurst für Hunde bekommen Sie auch in einem Hunde-Verkaufsshop, doch leider mögen unsere Tiere so ein „Wiener Würstchen" viel lieber. Wenn es wirklich nur hin und wieder geschieht, so denke ich mir, ist das Ganze vertretbar. Aber bitte wirklich nur an seltenen Festtagen, an denen selbstverständlich die mittägliche Fütterung ausfällt. Vergessen Sie aber nicht, dass Ihr Mops hier gewürzte Speisen verzehrt hat und sorgen unbedingt im gleichen Atemzug dafür, dass genügend frisches Trinkwasser zur Verfügung steht. Dass ich sowieso neben der gefüllten Hartfutterschale ständig einen Napf mit frischem Wasser stehen habe, ist natürlich selbstverständlich.

Manchmal bekomme ich auch Hunde für eine gewisse Zeit in Pflege oder ich habe eine Hündin bei mir zu Gast, die belegt werden soll. Das Wort „belegt" heißt, dass eine Hündin mit unserem Rüden Hochzeit feiern möchte. Wenn ich also dann Gäste bekomme, sind die Besitzer manchmal entsetzt über den vollen Napf mit Hartfutter.

Wenn gegrillt wird, fällt immer etwas Leckeres für unsere Möpse ab.

nimmt Futter nur noch in Maßen zu sich.

Ein Mops, dass schrieb ich bereits, ist ein intelligentes Lebewesen. Ich habe die Erfahrung gemacht, dass er alles an Futter, so es ihm nur zu einer bestimmten Zeit angeboten wird, sofort aufnimmt. Da er bis zur nächsten Fütterungszeit nichts Fressbares mehr angeboten bekommt, nimmt er mehr oder auch weniger als er benötigt, zu sich. Wer kann schon genau sagen, wann ein Mops nun wirklich gesättigt ist? Unsere Möpse wissen das Trockenfutter zu schätzen und kennen das Gefühl, wirklich satt zu sein. Sie nehmen es über den ganzen Tag verteilt zu sich, was mir anzeigt, dass das einmalige Mittagsmahl nicht ausreicht. Es ist aber auch nicht zur vollständigen Ernährung unserer Hunde gedacht. Die Industrie hat Futter für unsere Möpse im Angebot, welches nun wirklich alles beinhaltet, was der Hund zum Leben braucht. Ich vertraue auf seine gesunde Ausgewogenheit, hat doch die Forschung hier sehr große Fortschritte gemacht. Sollte der eine oder andere Anbieter von Hundefutter nun anmerken, dass sein Futter wirklich völlig ausreicht, ja, sogar eine Beifütterung schädlich für den Hund ist, werde ich die Ernährung trotzdem weiter in meiner individuellen Art handhaben. Unsere Hunde sind damit gut zurechtgekommen und haben gesund und vital ein hohes Lebensalter erreicht.

Niemals, so äußern sich die besorgten Mopshalter, würden sich ihre Hunde hier maßvoll verhalten, sondern sich den Bauch voll schlagen, bis man glaubt, sie würden gleich platzen.

Sollte der Mops wirklich besorgniserregend viel zu sich nehmen wollen, wird die Futterschale entfernt. In diese Schale kommen nun etwas rohes Gemüse und einige Kaustangen. Das Gemüse wird manchmal von unserem Gast nicht mehr angenommen, sondern er sucht mit einer der Kaustangen ein ruhiges Plätzchen auf, um sich ungestört damit zu beschäftigen. Am nächsten Tag kennt er die Futterstelle und hat es schon begriffen, dass es hier immer etwas zu naschen gibt. Er

Sicher ist diese Art einer Mopsfütterung nicht konventionell und alltäglich. Wenn ein Gasthundbesitzer nicht einverstanden ist mit unserer Fütterungsmethode oder ein spezielles Futter wünscht, versorgen wir den Mops selbstverständlich nach dessen Vorstellungen.

Ich habe hier nur unsere – wohlgemerkt etwas seltsam anmutende – Fütterungsart angesprochen. Es ist in jedem Fall nichts daran auszusetzen, wenn Sie sich in der Ernährung nach der altbekannten Methode, eine bestimmte Fütterungszeit und Menge einzuhalten, richten. Wenn Sie aus unserer Zucht einen Welpen erhalten, ist er unsere Art der Ernährung gewöhnt und Sie sollten daran nichts ändern. Richten Sie sich bitte immer danach, was Ihnen der Züchter Ihres Mopses in Hinsicht der Fütterung mit auf den Weg gibt. Geben Sie ihm keine Süßigkeiten oder ständige Leckereien, auch nicht Milchdrops oder Ähnliches, welche im Handel angeboten werden. Ab und an dürfen Sie ihren Hund ruhig damit verwöhnen, doch bitte nicht so sehr übertrieben, dass Ihr Mops das für ihn vorgesehene Hundefutter in seinem Napf verschmäht. Wenn dennoch der Fall eingetreten ist, lassen Sie sich nicht erweichen. Leckerli gibt es nur dann, wenn der Napf leer ist. Sollte Ihr Hund das Futter in seiner Schale konsequent ablehnen, bieten Sie ihm sein geliebtes Leckerchen an. Nimmt der Mops dieses erfreut zu sich, so geben Sie nicht noch ein zweites, sondern verweisen Sie ihn auf seinen Futternapf. Ein kleines bisschen Erziehung muss auch bei der Ernährung sein. Es könnte einmal der Tag kommen, wo sich der Mops eine Magenverstimmung zugezogen hat oder eine sonstige Erkrankung aufweist, die eine Diät nach sich

Frisches Wasser muss überall für den Mops erreichbar sein.

zieht. Ihr Mops weiß nun genau, dass er seinen Napf leeren muss. Es gibt nichts anderes. Wenn Sie standhaft bleiben, wird Ihr Mops das Futter im Napf annehmen. Ich versichere Ihnen hier, dass Ihr Hund nicht verhungern wird, jedoch könnte er es auf einen Machtkampf ankommen lassen, den Sie nur durch Ihre Hartnäckigkeit gewinnen werden, der sich aber durchaus über ein bis zwei Tage hinziehen kann.

Ich erinnere mich an eine Dame, die zwei Möpse ihr Eigen nannte. Als sie uns aufsuchte, führte sie diese beiden Hunde mit sich, welche so dickleibig waren, dass sie kaum mehr auf den Beinen stehen konnten. Die Besitzerin war unendlich traurig über den Zustand dieser Möpse, die außer zum Schlafen und Ausruhen zu keiner Aktivität ermutigt werden konnten. Alles, wirklich alles habe sie ausprobiert, damit die beiden Tiere einigermaßen in Form kommen sollten. Nichts und gar nichts erziele die gewünschte Gewichtsreduzierung. Außer Kuchen, Wurst und Süßigkeiten verweigerten sie jedes Fressen, wusste die Dame zu berichten. Der Tierarzt habe ein Diätfutter mitgegeben, doch sie mögen es einfach nicht. Mein Mann und ich haben ihr dann erklärt, dass es wirklich nicht mehr verantwortlich sei, die Tiere weiterhin mit hundeunüblichen Speisen zu versorgen. Wir redeten lange auf die Halterin ein und gaben ihr auf dem Nachhauseweg den Rat mit, diesen Möpsen nur noch und ausschließlich das Diätfutter anzubieten. Mit einem Schmunzeln auf den Lippen und der Bemerkung, dass man so grausam und erbarmungslos wirklich nicht mit Hunden umgehen könne, verließ sie uns.

Drei Tage später hörten wir wieder von ihr. Sie habe unseren Rat strikt befolgt und furchtbar unter ihrer Handlungsweise gelitten. In der vergangenen Nacht sei sie erwacht, als sie in der Küche ein Rumoren vernahm. Da standen einträchtig beide Möpse beisammen an der Futterschale und hatten sie restlos geleert. Heute sind beide Hunde glücklich und gesund und springen munter und ohne den belastenden Speckmantel wieder über Pfützen.

Wenn Ihr Mops Sie also noch so bittend anschaut, Leckerlis sind und bleiben die Ausnahme. Als Belohnung oder als Ritual nach dem Spaziergang sowie als Betthupferl, nach einer Gehorsamsübung und Ähnlichem, jedoch erlaubt.

Es ist nicht erstrebenswert, einen Mops zu dick zu füttern. Nichts gegen die gute Biedermeierzeit, doch verfallen Sie keinesfalls in die Gewohnheiten jener ältlichen Jungfrauen. Der Mops ist muskulös, aber niemals fett. Sollten Sie die Befürchtung haben, Ihr Hund sei übergewichtig, suchen Sie einen Tierarzt auf. Er wird Ihnen Diätfutter anbieten und Ihr Mops kann in kurzer Zeit wieder sein Normalgewicht erreichen. Natürlich sollten Sie auch für entsprechende Bewegung an der frischen Luft sorgen. Es tut Ihnen so gut, wie dem Hund an Ihrer Seite. Ich kenne nicht wenige Mopshalter, die Agility[1] mit ihrem Vierbeiner betreiben. Ein Mops hat daran sehr viel Spaß und Sie erleben, welche Energie in so einem kleinen Kerlchen steckt. Doch bedenken Sie auch, dass dieser Sportler etwas mehr oder hochwertigeres Futter verträgt.

Beenden möchte ich dieses Kapitel damit, dass wirklich für jeden Mops das passende Futter von den Herstellern angeboten wird. Diese haben enorm viel Geld in die Forschung investiert.

Profitieren Sie davon und bieten Sie Ihrem Mops dieses Futter, das Sie in verschiedenen Geschmacksrichtungen erwerben können, auch an.

[1] *Hundesport*

Der Mops und seine ersten Lebensabschnitte

Ein Mops durchläuft in seinem Leben verschiedene Phasen, die ich hier einmal kurz vorstellen möchte. Die Entwicklung eines Welpen hängt entscheidend davon ab, was er in diesen Abschnitten erlebte. Jene werden für den jungen Mops - positiv wie auch negativ - so ausschlaggebend sein, dass er für sein gesamtes Leben geprägt ist. Aus diesem Grunde halte ich es für wichtig, Sie darauf aufmerksam zu machen.

Die vegetative Phase

Diese beginnt mit der Geburt des Mopses. Der Welpe setzt eigentlich nur das Leben außerhalb des Mutterleibes fort. Noch hilflos, mit verschlossenen Augen und Ohren kriecht er im Kreis herum, immer auf der Suche nach Wärme und einer Milchquelle. Sein Lebensinhalt besteht zu dieser Zeit aus Schlafen und Trinken. Behutsam wird die Mutter ihn mit ihrer Schnauze hin und wieder anstupsen, ihn mit der Zunge abschlecken und durch das Belecken und Massieren seines Bauches wird der Welpe angeregt, Kot und Urin abzusetzen. Verhaltensweisen, wie das Suchen nach Wärme und Nahrung sind ihm angeboren. Durch pendelnde Bewegungen seines Kopfes findet er die Zitze seiner Mutter, legt sanft seine Zunge um diese, leckt und saugt daran, während er gleichzeitig den Milchtritt zeigt. Er stemmt die Vorderfüßchen gegen den Bauch der Mutter und versucht rein instinktiv den Milchfluss anzuregen, um danach, oft noch an der Zitze hängend, wieder in den

Die Wölbung des Bauches einer tragenden Hündin sagt nichts über die zu erwartende Anzahl der Welpen aus. Eine Röntgenaufnahme könnte hier Klarheit bringen.

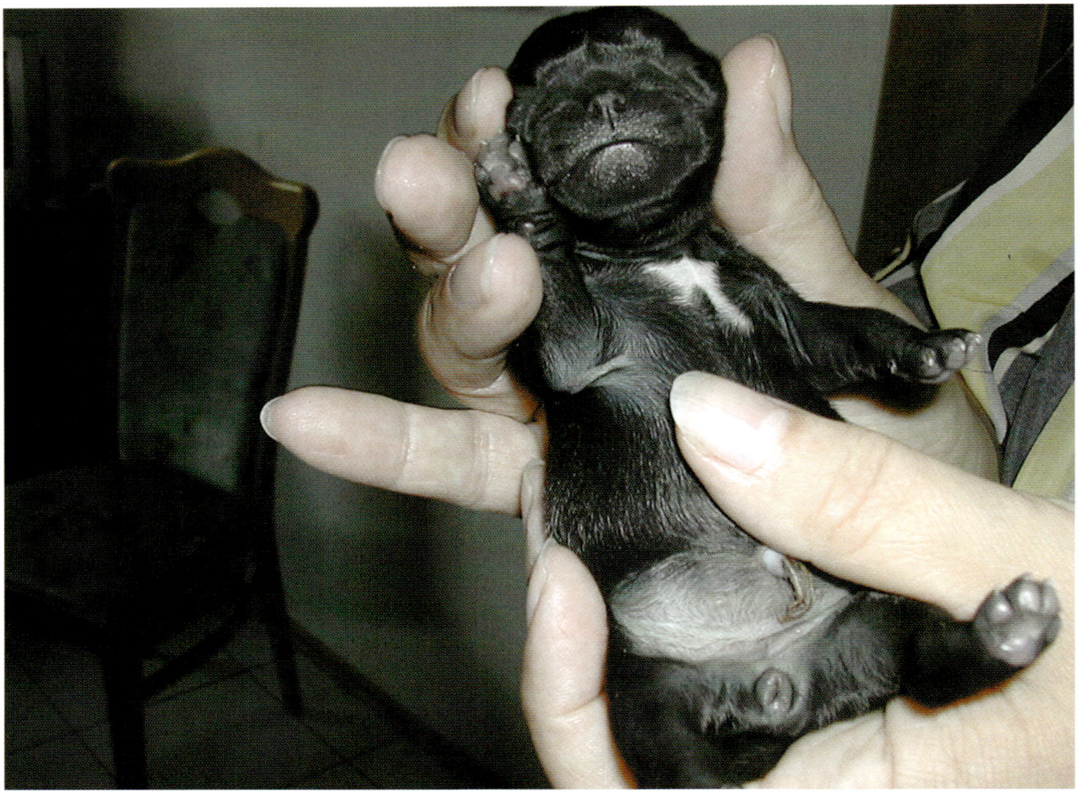

Dieser Mopswelpe ist soeben zur Welt gekommen.

Schlaf zu fallen. Nach ca. 10 Tagen haben unsere Möpse das Geburtsgewicht verdoppelt, einige Tage später öffnen sie die Augen und Ohren und ihr Geruchssinn blüht auf.

Die Übergangsphase

Sie beginnt in der dritten Lebenswoche unseres Welpen. Er reagiert auf Reize seiner Umgebung, betastet seine Geschwister und Mutter, entdeckt seine Umwelt und beginnt, alles mit seinem Schnäuzchen zu untersuchen. Nun kann er sehen und hören und verlässt sein Wurflager. Jetzt beginnen wir mit der Beifütterung. Der Welpe wird auf den Tisch gesetzt und bekommt aus unserer Hand winzig kleine, linsengroße Stückchen Tatar gefüttert. Unsere Welpen beschnuppern sehr interessiert dieses merkwürdige Futter, lecken daran und wenn wir es in ihr Mäulchen schieben, fällt es nicht selten wieder heraus. Jedoch erkennen sie sehr schnell, dass es sich um etwas Essbares handelt, und nach dem ersten Stückchen dieses wohlriechenden Fleisches beginnt der Welpe die Fütterung zu genießen. So füttern wir nach einer anfänglich erbsengroßen Menge jeden Tag etwas mehr. Normalerweise würde eine Mutter ihren Welpen in dieser Zeit vorverdaute Nahrung vorwürgen, leider ist dieser Instinkt bei unseren Möpsen jedoch nicht mehr vorhanden. Die erste Fütterung mit unserem Tatar löst bei den Welpen Wohlbehagen aus. Er lernt, dass die Hand des Menschen etwas Angenehmes für ihn darstellt und gleichzeitig, die Zunge zum Transport der Nahrung und nicht nur zum Saugen zu benutzen. Hatte bis zur ersten Fütterung der Welpen durch den Menschen die Mutter das Wurflager mit der Zunge gesäubert und deren Aus-

Hier sind die Welpen ca. drei Wochen alt und haben bereits kräftig an Gewicht zugelegt.

scheidungen über ihren Magen beseitigt, kann man nun beobachten, dass sie dieses unterlässt. Dennoch werden die Welpen von ihr noch hin und wieder geleckt und massiert, doch zu dieser Zeit kann Kot und Urin auch schon ohne diese Hilfe von den Welpen abgesetzt werden.

Die Prägungsphase

Ungefähr mit Beginn der vierten Lebenswoche beginnt die wohl wichtigste Zeit im Leben unserer Welpen. Aus den Nesthockern werden nun kleine, bewegliche und temperamentvolle Möpse, die sich weiter vom Lager entfernen. Die Bindung zu ihrer Mutter nimmt ab und es kommt zu kleinen spielerischen Auseinandersetzungen zwischen den Geschwistern. Sie interessieren sich für Menschen, andere Hunde und wir erleben, dass sie auf Entdeckungsreise gehen. Neue Verhaltensmuster, wie etwa das Spielen mit Gegenständen, die Verteidigung und die Kommunikation von Hund zu Hund entwickeln sich. So folgen sie zwar noch ihrer Mutter, doch unsere Welpen sind nicht weniger an unseren Füßen interessiert. In dieser Zeit müssen wir wirklich genau aufpassen, den einen oder anderen nicht versehentlich damit zu stoßen oder gar zu treten. Sie werden geprägt von Umwelteinflüssen und lernen sich im Rudel der anwesenden erwachsenen Hunde zurechtzufinden. Sie jagen Bällchen nach, bewegen sich frei und ungezwungen, sowohl in der Wohnung als auch im Garten. In dieser Zeit lernen die Welpen schnell und bereitwillig, der Züchter erkennt den unterschiedlichen Charakter seiner Welpen durch deren Verhalten. Er hält den kleinen Raufbold zurück und ermutigt den zurückhaltenden Welpen. Dem Spiel und den Erkundigungen folgen längere Erholungsphasen, die die Welpen dazu nutzen, nun schon selbstständig aus einem Schälchen zu fressen oder zu schlafen. Es ist Aufgabe des Züchters, die Welpen in dieser Zeit mit allen Dingen vertraut zu machen und sie auf ein Leben in einer Familie vorzubereiten.

Die Sozialisierungsphase

Die Zeit dieser Entwicklung erlebt der Welpe nun bei Ihnen. Er muss sich von Mutter, Geschwistern und den bekannten Möpsen trennen und sich im neuen „Menschenrudel" zurechtfinden. Wenn er auch eine kleine Persönlichkeit geworden ist, so lernt er auch weiterhin bereitwillig und gerne. Nutzen Sie diese Zeit richtig, so können Sie unwiderruflich die Partnerschaft zu ihm im positiven Sinne prägen. Verhaltensforscher berichten, dass sich bei einer frei lebenden Hundefamilie die Mutter um den 49. Tag herum abrupt von den Welpen trennt und sie die Erziehung dem Vater oder den Onkeln überlässt. Aus diesem Grunde geben wir den Mops zu diesem Zeitpunkt an die zukünftigen Halter ab. Die Schulung der Mutterhündin ist abgeschlossen und die weitere Erziehungsarbeit liegt nun bei Ihnen.

Wir wollen ihn ja nicht weiter zu einem Mops prägen, der in einer Hundefamilie sein Leben verbringen wird, sondern zu einem harmonisch integrierten Hund in unserer Familie.

Die Anpassung fällt ihm in dieser Zeit, die ich als die 8. Lebenswoche bei einem Mopswelpen ansehe, leicht. Er muss sich an den menschlichen Lebensrythmus gewöhnen, an den täglichen Umgang mit Menschen oder anderen Tieren. Ich halte es für absolut falsch, den Mops weiter in dem Hunderudel zu belassen, ihn hier zum angepassten Rudeltier werden zu lassen und diesen Lernabschnitt, der ihn zum sozialverträglichen Partner des Menschen macht, ungenutzt verstreichen zu lassen. Auch wenn der Züchter sich täglich mit allen Welpen beschäftigt, so kann dieser sich niemals so intensiv dem einzelnen Welpen widmen, wie es zu dieser Zeit nötig ist. Die Sozialiserungsphase halte ich für die beste Zeit für die Umsetzung des Welpen in Ihre Familie, da Sie in dieser günstigen Lern- und Lebenszeit seine Erziehung beginnen und diese Möglichkeit durch seine Anwesenheit nun auch nutzen können.

Solch lebhaftes Spiel kann man ab der sechsten Lebenswoche beobachten.

Wenn Mops noch Möpschen ist

Zwischen dem 10. und 14. Lebenstag schaut der Mops mit himmelblauen Augen schielend in die Welt. Erschrecken Sie nicht, ein Zustand, der sich schnell verliert.

Er ist noch ein Baby, wirkt klein, zart und zerbrechlich, wenn ein Mops zu Ihnen ins Haus kommt. Die Hundeverbände sind sich nicht einig, wann genau der richtige Zeitpunkt gekommen ist, den Welpen in Ihre Obhut zu übergeben. Vertreten einige die Ansicht, die zwölfte Lebenswoche muss erreicht sein, so teilen wir den Standpunkt des Verhaltensforschers Eberhard Trumler, der die günstigste Zeit für die Abgabe in der achten Lebenswoche sieht. Alle unsere Welpen werden zeitig, also bevor sie die zwölfte Lebenswoche erreicht haben, an ihre zukünftigen Halter abgegeben. Damit haben wir die besten Erfahrungen gemacht. Sie sind noch jung genug, sich in ihrem neuen „Menschenrudel" einzuleben, trennen sich leicht von Mutter und Geschwistern und sind jetzt sehr lernfähig.

Wichtig ist, dass Sie sich zu diesem Zeitpunkt auf den neuen Hausbewohner eingerichtet haben. Ein Mops ist sehr schmusebedürftig und dringend darauf angewiesen, dass Sie wirklich Zeit für ihn haben. Ich warne hier ausdrücklich davor, diesen Hund anzuschaffen, ohne sich dessen bewusst zu sein, dass er überaus viel Ihrer Zeit für sich beansprucht. Er ist kein Plüschtier, das man dann weglegt, wenn man keine Lust mehr darauf hat. Er

Gut behütet in einem Laufstall lernen die jungen Möpse ihre Umwelt kennen.

ist ein Lebewesen, dessen Anschaffung Sie sich genau überlegen sollten. Kaufen Sie niemals einen Mops aus einer Laune heraus oder gar einen Welpen, nur weil er so niedlich aussieht.

Zunächst halten Sie Ausschau nach einem Züchter, den Sie dann aufsuchen sollten. Auch wenn dieser zur Zeit keine Welpen abzugeben hat, schauen Sie sich dort um. Lassen Sie sich alle Möpse zeigen, auch alte oder kranke Tiere. Achten Sie darauf, dass diese Hunde Kontakt zum Züchter haben, gerne und rutenwedelnd auf diesen zukommen und auch Sie freudig begrüßen. Es sollte kein menschenscheuer Mops darunter zu finden sein, denn ein guter Mopszüchter pflegt innigen Kontakt mit jedem seiner Hunde und hält sie selbstverständlich in seiner Wohnung. Ich behaupte immer, nicht die Möpse leben bei uns, sondern sie lassen uns freundlicherweise unter ihrem Rudel weilen. Entsprechend sieht die Gestaltung unseres Hauses bzw. des Gartens aus. In den Wohnbereichen finden Sie keinen Teppichboden, sondern wischbare Bodenbeläge. Welpen, die hier aufwachsen, sind niemals stubenrein. Wenn Sie also auf Teppiche oder Teppichböden treffen, dann ist Vorsicht angesagt. Es ist völlig unmöglich, solche Böden rein und hygienisch zu halten, denn nicht nur die Welpen, sondern auch unsere erwachsenen Vertreter dieser Rasse sind nicht immer sauber, wenn Sie aus dem Garten oder nach dem Spaziergang das Haus betreten. Mein Mann versucht zwar immer wieder, die Wände, an denen unsere Möpse ebenfalls ihre Spuren hinterlassen, in Ordnung zu bringen, doch erkennen wird man jederzeit, dass hier Hunde zu Hause sind. So ist an so manchem Möbelstück festzustellen, dass hier ein Welpe seine spitzen Zähnchen ausprobiert hat und natürlich sind auch die Türen von Kratzspuren nicht verschont geblieben. Wenn Sie nun noch überall Hundekörbchen und Decken auf den Sesseln oder dem Sofa, sowie Wasser- und Fressnäpfe vorfinden, dürfen Sie zu Recht annehmen, dass hier die Hunde auch wirklich wohnen. Die Möpse benehmen sich auch entsprechend und werden nicht etwa ängstlich zurückschrecken, wenn sie diese Räume betreten sollen. Bei uns finden Sie auch überall Spielzeug, Kauknochen oder Bälle im Wohnbereich vor. Sie sollten wirklich den Eindruck haben, dass es sich um ein Spielzimmer, ähnlich dem eines Kindes, handelt. Wenn Sie nun noch gründliche Sauberkeit vorfinden, dann sind Sie hier erst einmal richtig.

Lassen Sie sich nun zeigen, wo die Welpen aufwachsen. Das ist in der Regel ein separater Raum, der mit einem Bett versehen ist, da der seriöse Züchter hier, in der letzten Zeit vor der Geburt, bei der werdenden Mutter schläft. Nachdem die Welpen das Licht der Welt erblickt haben, wird er natürlich weiterhin bei Mutter und Welpen seine Nächte verbringen, da diese ständig überwacht werden müssen. Wir haben zwei Wurfkisten aufgebaut, welche dann, wenn die Welpen die Umgebung erkunden möchten, auch erweitert werden können. Dieses Zimmer ist in den ersten vierzehn Lebenstagen das alleinige Zuhause unserer Welpen.

Mit ca. drei Wochen ziehen sie dann ins Wohnzimmer um. Hier befindet sich ein gewöhnlicher Kinder-Laufstall, in dem sie gut und sicher untergebracht werden. Unsere Art ist es, Welpen und Mutter dann nur des Nachts wieder in das Welpenzimmer zu verlegen. So haben die kleinen Möpse schon früh die Möglichkeit, sich an das Leben mit uns Menschen zu gewöhnen. Fernsehen, telefonieren, Besucher, Staubsaugen (die Einlagen der Körbchen oder Schlafunterlagen), Türklingeln, Gespräche. Sie erleben alles mit und machen die Erfahrung, dass es gar nicht schlimm ist, wenn in der Küche mal ein Glas

Oft zeigt der Welpe wenig Respekt vor den größeren Kollegen.

zerbricht oder eine Tür zuschlägt. Sie sind, so behaupte ich immer von unseren Welpen, „schussfest".

Mit ca. vier Wochen haben sich alle Sinne des Welpen voll entwickelt, er zeigt Freude durch Rutenwedeln an, er lernt selbstständig zu fressen und untersucht seine Umwelt mit seiner Schnauze. Hier nun haben wir als Züchter alle Hände voll zu tun, denn jeder Welpe wird an unsere Streicheleinheiten gewöhnt. Wir berühren ihn, lassen ihn mit unseren Händen spielen, daran schnüffeln und knabbern. Gleichzeitig nimmt der Welpe Kontakt zu unseren älteren Hunden auf, so dass die Mutter nach der langen Säugezeit wieder Erholung findet. Unser Rudel ist so sozialverträglich, dass unsere großen auf die kleinen Möpse aufpassen. Die vorwitzigen Welpen krabbeln auf die älteren Tiere, sowohl darunter als auch darüber; doch sind sie zu kess, werden sie von den ausgewachsenen Möpsen zurechtgewiesen und bekommen so den erforderlichen ersten Schulunterricht in Sachen Benehmen und Unterordnung von ihresgleichen. Während Mama Mops in der Sonne döst, kümmern sich Vater, Tanten und auch jene, die kein verwandtschaftliches Blut in sich tragen, um die Erziehung ihrer Kinder. Dazu kommt die tägliche Spielerei mit den Menschen, die einen Welpen genau zu dem macht, was Sie sich wünschen, einen charakterlich gefestigten und kontaktfreudigen Mops, der sich ohne Probleme in Ihrer Familie integrieren lässt.

Dass sich ein Welpe, der im Sommer geboren wurde, leichter aufziehen lässt, ist unschwer zu erkennen. So ist es viel einfacher, den Nachwuchs draußen im sicher eingezäunten Garten frei herumspringen zu lassen, da die Wohnung doch etwas geschont wird. Zu jeder Zeit aber finden Sie in unserem Flur in einem Eimer Wasser einen Wischmop vor, der wun-

Ein Körbchen animiert zum Stapelschlafen

Papa Mops bewacht seinen Nachwuchs, der hier sicher im Gartenhäuschen untergebracht ist.

derbar geeignet ist, problemlos die kleinen Pfützchen unsere Mopskinder zu beseitigen, wenn das Wetter für die Welpen nicht geeignet ist, um sich im Garten aufzuhalten. Man kann sich wirklich nicht vorstellen, welche Mengen an Kot und Urin bei einem so kleinen Hund wieder herauskommen und entsorgt werden müssen. Bei einem normalen Wurf mit vier Geschwistern habe ich reichlich damit zu tun, ständig irgendwo die Hinterlassenschaften zu entfernen. Wenn es nun draußen die Witterung zulässt, ist es einfach bequemer, die großen Geschäftchen mit einer kleinen Schüppe zu entfernen und die Bächlein sieht man sowieso nicht. Gleichzeit werden die Welpen daran gewöhnt, sich im Freien zu lösen; die erste Stufe zur Stubenreinheit ist erreicht. Doch bei uns klappt es auch im Winter. Wann immer man einen Welpen ins Gras oder auch in den Schnee setzt, beginnt dieser, sich zu entleeren. Alle zwei Stunden, sowie nach dem Schlafen oder nach der Fütterung bringen wir unsere Welpen in den Garten und gewöhnen sie auf diese Weise daran, die Wohnung nicht zu sehr mit Kot und Urin zu verschmutzen. Jedoch dürfen Sie niemals erwarten, dass Sie einen stubenreinen Welpen bekommen.

In seiner achten Lebenswoche kommt es zur Trennung des kleinen Mopses von seinem bisherigen Zuhause und er muss sich bei Ihnen daheim zurechtfinden. Er lernt gerne und freudig und Sie prägen ihn auf sich und Ihre Angehörigen. Möpschen sucht nun seine Rangstellung innerhalb dieser Familienmitglieder. Hätte ein Welpe nun noch seine Geschwister um sich, so könnten Sie temperamentvolle Kämpfe unter ihnen erleben. Nicht allein Stärke ist hier ausschlaggebend, sondern auch die Intelligenz ist wichtig, durch die der eine oder andere mit einer schnellen Auffassungsgabe oder durch sein Reaktionsvermögen etwas früher am Futternapf steht und die besten Stücke ergattert.

Sie als Mensch ersetzen nun diese Geschwister, bzw. Vater und Mutter, und dürfen damit

In die Welpenspielstunden werden die „Großen" mit einbezogen.

beginnen, Ihrem Welpen die ersten Gehorsamsübungen abzuverlangen. Er muss lernen, sich Ihnen zu unterwerfen und nicht etwa bettelnd am Tisch, an welchem sich die Familie zur gemeinsamen Mahlzeit versammelt hat, bitterlich zu weinen. Ignorieren Sie den Welpen und lassen Sie sich niemals dazu hinreißen, nun etwas Essbares zu ihm herunterzureichen. Rufen Sie seinen Namen, so sollte er auch kommen und gehen Sie mit ihm spazieren, so hat er sich anständig an der Leine aufzuführen. Ihr Mops ist intelligent genug, seine Grenzen zu erkennen und Sie hoffentlich klug genug, ihm zu zeigen, wer Herr im Haus ist. Nun ist auch die Zeit gekommen, den kleinen Neuankömmling stubenrein zu machen. Mancher entwickelt in dieser Zeit eine Starrköpfigkeit, die es zu regelrechten Machtkämpfen zwischen Welpen und Besitzer kommen lässt. Wenn z.B. die Nacht anbricht und Sie schlafen gehen möchten, dann hat sich der Welpe zu fügen. Überhören Sie das Jammern und Flehen aus seiner Schlafstätte. Schon kurz darauf gibt der Welpe auf, fügt sich in sein Schicksal und alle schlafen von diesem Zeitpunkt an gut und friedlich. Der Welpe in seinem Körbchen und Sie in Ihrem Bett.

Es wird nicht einfach werden, wenn ein Welpe in Ihr Haus kommt. Darum überlegen Sie sich die Anschaffung genau. Es sollten wirklich alle Familienmitglieder einverstanden sein und sich auf ihn freuen.

Den Züchter haben Sie ja nun schon gefunden; jetzt heißt es, viel Geduld aufzubringen, denn im MPRV e.V. gibt es Wartezeiten von mehreren Wochen, da die noch nicht geborenen Welpen noch in der Tragezeit der Mutterhündin vergriffen sind. Sie haben sich in der Warteliste des Verbandes eintragen lassen und müssen geduldig verharren, bis Ihr Welpe das Licht der Welt erblickt hat. Sofort wird Ihr Züchter Sie informieren und Sie bitten, sich in der nächsten Zeit den Wurf einmal anzuschauen und evtl. schon einen Welpen für sich auszuwählen. Bis dahin hatten Sie nun genügend Zeit, sich innerhalb der Familie darauf zu einigen, ob es sich um einen schwarzen oder einen hellen Mops, einen Rüden oder eine Hündin handeln soll.

Gehen wir einmal davon aus, dass ein Welpe, der Ihren Vorstellungen entspricht, zur Welt gekommen ist, so zögern Sie nicht mit einem Antrittsbesuch bei Ihrem Züchter. Er wird Ihnen die Mutter und die Welpen gerne zeigen. Bei uns ist es Sitte, dass Sie, nachdem die Hände desinfiziert wurden, die wenigen Tage alten Welpen auch anfassen und streicheln dürfen. Sollten Sie einen Züchter antreffen, der die Berührungen der Welpen strikt ablehnt, so wundern Sie sich bitte nicht. Viele Züchter haben Angst davor, dass Sie mit etwaigen Keimen behaftet sind, die bei den Welpen Infektionen hervorrufen könnten. Wir haben eine derartige Erfahrung in unserer Zucht, die wir nun schon über ein Jahrzehnt betreiben, nie gemacht, denn unsere Mopsmama bringt sicherlich auch aus dem Garten oder vom Spaziergang Bakterien mit. Unsere Meinung geht dahin, dass ein gesunder Welpe ein so gestärktes Immunsystem besitzt, dass sein Körper mit dieser Belastung fertig wird. Über die Milch seiner Mutter bekommt der neugeborene Mops schon Immunstoffe zugeführt, die ihn genügend schützen. Es ist jedoch nicht überall Sitte, dass Sie die Welpen anfassen dürfen und ich bitte Sie sehr, diesen Wunsch eines Züchters zu respektieren.

Merkwürdigerweise entsteht bei der ersten Begegnung schon, selbst wenn der Welpe erst ein paar Tage alt ist, ein Bezug zwischen ihm und seinem zukünftigen Halter. Ich kann es auch nicht erklären, jedoch wissen fast alle Käufer nach wenigen Minuten, welchem dieser Winzlinge sie zugetan sind. Diese spontane Entscheidung für einen der Welpen ist dann unumstößlich, auch wenn wir die zukünftigen Halter immer wieder bitten, sich doch Zeit bei der Auswahl zu lassen. Es ist ein erstaunliches Verhalten der Welpeninteressenten, das mich immer aufs Neue verblüfft, doch gebe ich an dieser Stelle zu, dass es mir bei der Anschaffung eines Welpen für unsere Zucht nicht anders ergeht.

Nachdem man sich nun für einen Welpen entschieden hat, wird fotografiert, mit der Mutter gespielt, die übrigen Hunde des Rudels mit vielen Streicheleinheiten verabschiedet und dann geht es nach Hause.

Nun kommt die harte Wartezeit, die Sie sich jedoch dadurch erleichtern können, sich auf Ihren Familienzuwachs einzurichten. Sie haben Zeit, Halsbändchen, Leine, Körbchen, Bürste, Futternäpfe einzukaufen und überlegen, ob es nicht sinnvoll ist, den guten Perserteppich zusammenzurollen und aus dem Wohnzimmer zu entfernen. Kabel werden möglichst gut hinter Schränken versteckt und ein Futterplätzchen sowie eine Stelle für das Körbchen ausgewählt. Hier möchte ich darauf aufmerksam machen, dass Sie bitte kein geflochtenes Weidenkörbchen kaufen sollten; der Welpe kaut daran, könnte abgenagte Holzsplitter herunterschlucken und diese unverträglichen Holzteilchen evtl. bei Ihrem Welpen unerklärliche Symptome hervorrufen. Ihr Mops kränkelt, verweigert das Futter, erbricht oder zeigt andere krankhafte Erscheinungen, die weder Ihr Tierarzt noch Sie sich erklären können. Verwenden Sie lieber ein Körbchen aus Plastik mit einer weichen Einlage oder eines aus Stoff, das leicht sauber zu halten oder waschbar ist. Nachdem der Einkauf erledigt ist, greifen Sie zu einem guten Sachbuch und lesen sich einige Grundkenntnisse an, die für die Haltung eines Hundes unerlässlich sind.

Irgendwie lässt es sich dann auch einrichten, dass Sie ihren Welpen in der Wartezeit noch ein- bis zweimal besuchen, und Sie werden verwundert feststellen, wie schnell die körperliche und geistige Entwicklung Ihres Welpen fortschreitet. Jeder seriöse Züchter freut sich über Ihren Besuch, zeigt er doch, dass Sie

Zur gesunden Entwicklung gehört auch das Kräftemessen.

sich schon jetzt um den Welpen bemühen. Auch wenn Sie schon tausend Fragen beim Züchter über sich ergehen lassen mussten, ihre Geduld ist ihm ein weiterer Beweis dafür, dass genau Sie der „Richtige" für seinen Welpen sind. Natürlich sollten auch Sie sich nicht scheuen, ihn nach seiner Zucht und Ihrem Welpen zu befragen, denn es zeigt immer wieder Ihr Interesse an dessen Wohlergehen. Bitte bedenken Sie, dass ein Züchter ein Mensch ist, der zwar weiß, dass er die Welpen nicht behalten kann, doch wächst er in acht Wochen sehr mit ihnen zusammen und macht sich nicht unerhebliche Sorgen darüber, ob auch seine Wahl der späteren Halter richtig war. Und vergessen Sie bitte nicht, bei jedem Besuch Ihre Kamera für die Fotografien mit sich zu führen oder filmen Sie die Welpen und übrigen Hunde in dem Umfeld, das jetzt noch das Zuhause Ihres zukünftigen Mopses ist. Sollte der Weg nun aber sehr weit sein, so wird Sie Ihr Züchter immer wieder mit Informationen und Bildern Ihres Welpen versorgen. Im Zeitalter der Computertechnik ist dieses Unterfangen nun wirklich kein Problem mehr. Ein Züchter, der nervös und hektisch auf Ihre Besuche reagiert, ist zum Züchten wirklich nicht geeignet. Er muss Ruhe ausstrahlen, die sich dann auch auf die Hunde überträgt. Nervlich instabile Personen haben in der Hundezucht nichts verloren.

Nachdem Sie nun Ihre Wohnung auf den Neuankömmling vorbereitet haben und sicherlich auch besprochen wurde, wer sich in der Familie zu welcher Zeit um den kleinen Mops zu kümmern hat, kommt der Tag, an dem Sie Ihren Welpen zu sich holen können. Ihr Züchter hat Futter und sonstige Dinge für Sie bereitgestellt, bespricht noch einmal die wichtigsten Dinge und weist darauf hin, dass er zukünftig immer für Probleme und Fragen bzgl. des Mopses zu erreichen ist. Dann kommt es oft zu einem traurigen Abschied, bei dem Sie der Familie Ihres Züchters nachsehen wollen, wenn hier mitunter Tränen fließen.

Unsere Welpen kennen das Autofahren bereits und ängstigen sich nicht. In den meis-

Dieser Nachwuchs läßt auf eine lange Nase hoffen.

ten Fällen haben wir den kleinen Kerl, da der letzte Besuch sich immer über mehrere Stunden hinzieht, auch für die Heimfahrt müde spielen können. Auf dem Rücksitz sitzend, wird der Mops auf Ihren Schoß genommen und geht so auf seine erste Reise und in eine hoffentlich gute Zukunft. In der Regel schläft Ihr Möpschen fest. Allerdings sollten Sie die Fahrt hin und wieder unterbrechen und Gassi gehen, sowie dem Welpen etwas zu trinken anbieten. Natürlich hat Ihr Züchter dafür gesorgt, dass Sie Wasser und Futter bei sich haben. An warmen Tagen füllen Sie eine Wärmeflasche mit eiskaltem Wasser und setzen den Welpen während der Autofahrt darauf, falls dieser zu hecheln beginnt. Nasse Tücher in einer Plastikumhüllung erfüllen den gleichen Zweck. In der Sommerzeit ist es jedoch zweckmäßiger, die Rückreise in den Abend- oder Nachtstunden anzutreten. Achten Sie zusätzlich darauf, dass Ihr Welpe keinem Windzug aus geöffneten Autofenstern oder vom Schiebedach her ausgesetzt ist.

Wenn Sie nun glücklich daheim angekommen sind, wird Ihr Welpe zunächst zum Lösen an das vorgesehene Plätzchen gebracht. Dann bekommt er Futter und Wasser an einer Stelle Ihrer Wohnung gereicht, die ab nun immer sein Futterplatz sein wird. Er zeigt sich ein wenig überrascht über die neue Umgebung, doch der aufgeweckte Welpe wird diese sofort neugierig erkunden. Vielleicht stellen Sie nun erst fest, wo man noch vergessen hat, etwas aus dem Weg zu räumen, wie etwa die unteren Knöpfe an den Küchenschränken, welche sich problemlos abschrauben lassen, die ein Welpe aber sehr gerne anknabbert. Nach einer hoffentlich ruhigen Schlafpause gehen Sie mit Ihrem Welpen spazieren oder in den Garten und beschäftigen sich ausgiebig mit ihm. Das neue Spielzeug und die neue Atmosphäre werden Ihren Welpen so ablenken, dass er uns und sein altes Zuhause darüber völlig vergisst. Doch halt, hatten Sie Ihrem Züchter und seiner Familie nicht versprochen, sofort anzurufen, wenn Sie

Leuchtende Kinderaugen versprechen eine Liebe für ein langes Mopsleben.

daheim angekommen sind, um über das Befinden Ihres Welpen zu berichten? Ich weiß, Sie haben nun alle Hände voll zu tun mit dem neuen Familienmitglied, lassen sich von diesem kleinen schelmischen Kobold im Nu um den Finger wickeln und so, habe ich mir sagen lassen, weiß dieser schon nach allerkürzester Zeit, wo im Haus der Kühlschrank zu finden ist.

Mit der Stubenreinheit wird es zunächst noch nicht ganz so gut klappen. Wischen Sie seine Geschäftchen zunächst einfach wortlos auf und gehen Sie nach dem Malheur mit Ihrem Welpen an den Platz, wo er sich demnächst lösen soll. Sie erkennen einen dringend notwendigen Freigang Ihres Welpen daran, dass dieser plötzlich suchend in der Wohnung herumläuft oder er ist soeben aus dem Schlaf erwacht.

Dann ist die Zeit zum „Gassigehen" angesagt. Draußen wird Ihr Mops nach dem Lösen maßlos und kräftig gelobt und gleichzeitig liebevoll gestreichelt. So weiß Möpschen, dass dieses Geschäft zu dieser Zeit und hier Ihr Wohlwollen hervorruft. Er will Ihnen gefallen und es klappt immer öfter.

So manchem Mopsbesitzer ist es gelungen, seinen Welpen an ein Katzklo zu gewöhnen. Klug, wie der Mops nun einmal ist, lernt er auch, mit dieser Art des „Gassigehens" umzugehen.

Nach einer gewissen Eingewöhnungsphase, die Sie Ihrem Welpen bitte zugestehen, kommt nun aber auch die Zeit, wo Möpschen lernen muss, wo seine Grenzen sind, denn es soll ja einmal ein gut erzogener Mops aus ihm werden. Verbieten Sie ihm konsequent das Nagen an Möbelstücken, Teppichfransen oder anderen Wohnungsgegenständen. Ermahnen Sie ihn bei jedem Versuch und achten Sie darauf, dass der Welpe diese Unart nicht weiter zeigt, wenn Sie ihm den Rücken zugedreht haben. Die Erziehung zur Leinenführigkeit beginnen Sie bitte damit, dass Sie ihm ein weiches Katzenhalsband anlegen und nehmen Sie dieses erst ab, wenn Ihr Welpe sich daran gewöhnt hat. Zunächst wird er verwundert daran herumkratzen und sich wild schütteln. Es nützt nichts, das Halsband bleibt da, wo es ist. Lassen Sie sich nicht erweichen von seinen bittenden Augen. Er lernt damit zu leben und dann kann der Tag kommen, an dem Sie mit Ihrem angeleinten Mops Ihren ersten Spaziergang unternehmen. Diese zusätzlich ungewohnte Leine haben Sie natürlich schon einige Tage vorher immer wieder spielerisch angelegt und dem Mops signalisiert, dass wirklich nichts Schlimmes damit verbunden ist. So wird auch der erste Ausgang an der Leine nach kürzester Zeit zu einer wahren Freude für alle Beteiligten. Sollte in Ihrer Nähe ein Hundespielplatz sein, so suchen Sie diesen auf und geben Sie dem Mops Gelegenheit, Bekanntschaft mit anderen, ihm unbekannten Vierbeinern, zu machen. Mit friedfertigen Hunden aus Ihrer Nachbarschaft ist der Kontakt ebenfalls nicht nur erlaubt, sonder auch erwünscht. Ihr Mops sollte sich mit Menschen, Tieren, Hunden, Autos, einer unbekannten Wohnung oder Umgebung vertraut machen. So wird er nicht ängstlich, sondern kontaktfreudig und sollte er dann noch gehorsam sein, haben Sie selbst ein dickes Lob verdient, denn aus Möpschen wurde ein Mops, mit dem Sie überall gerne gesehen sind.

Wie sagte doch Goethe schon so schön über unseren besten Freund in Faust I:

Dem Hunde, wenn er gut gezogen, wird selbst ein weiser Mann gewogen.

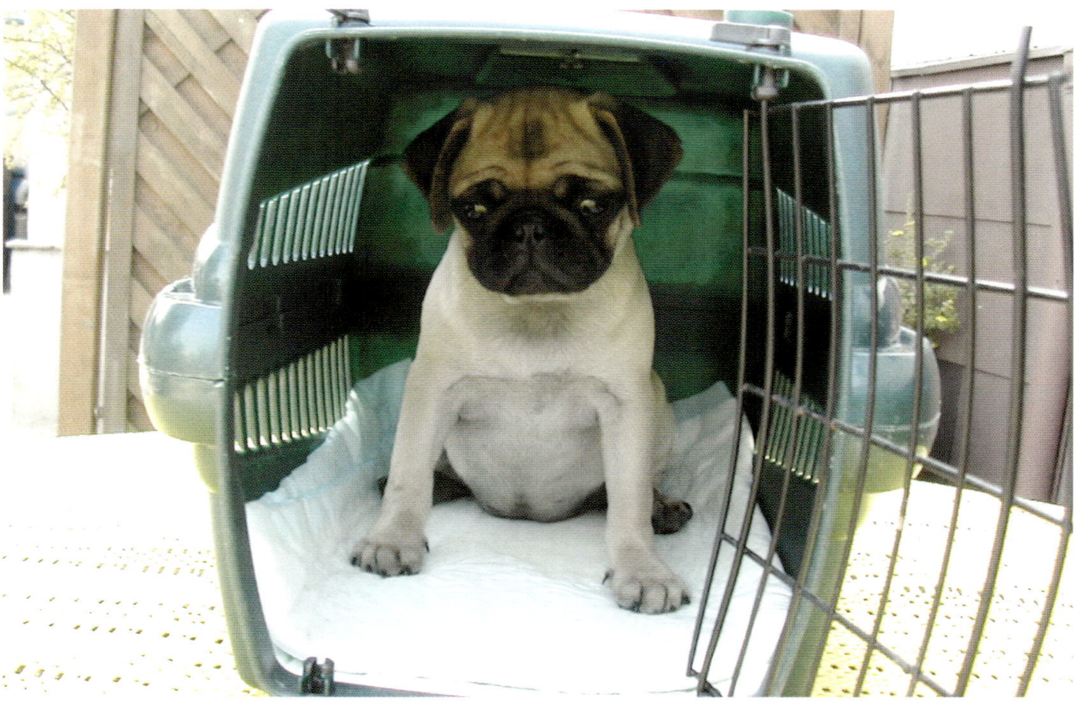

Für den Transport eines Mopses ist ein „Kennel" zweckmäßig. Kann der Welpe sich frühzeitig daran gewöhnen, ist er unterwegs prima darin aufgehoben.

Der Mops wird ausgestellt

In unserem MPRV e.V. findet zweimal jährlich ein besonderer Event statt. Im Mai und September sind Möpse und Pekingesen auf der verbandsinternen Hundeausstellung anzutreffen. Eingeladen werden alle Hundefreunde, auch die anderer Rassen und selbstredend sind hier auch liebenswerte Mischlinge mit Herrchen oder Frauchen vertreten, wenn auch leider nur in geringem Maße. Nun findet dieses Ereignis aber nicht in einer abgeschlossenen Halle statt, wie Sie es vielleicht von Hundeshows anderer Hundeverbände kennen, sondern immer dort, wo Wald, Wiesen und freie Felder anzutreffen sind. Natürlich haben wir auch eine Halle zur Verfügung, denn es könnte ja auch einmal regnen und da ist man froh, ein Dach über dem Kopf zu haben.

Am frühen Morgen kommen unsere Hunde und ihre Halter auf dem Gelände an und nicht selten sind sie die ganze Nacht schon unterwegs. Da ist mancher froh, wenn schon duftender Kaffee auf ihn wartet und die vorbereiteten belegten Brötchen parat liegen.

Man begrüßt alte Bekannte, lernt neue Hundehalter kennen und nach einer kurzen Ansprache durch den Ersten Vorsitzenden kann man sich leger dem bunten Treiben hingeben.

In dieser Halle, bei guter Witterung auch davor, befinden Sich zwei abgesteckte Ringe. Hier sitzen die vom Verband ausgebildeten Richter und warten auf die Hunde, die von

Jeder Aussteller erhält einen Pokal.

Der Richter freut sich über einen fidelen, fröhlichen Mops, welcher Freude an der Show ausstrahlt.

ihren Besitzern zur Ausstellung gemeldet sind und für welche auch ein Nenngeld entrichtet wurde. Jeder Aussteller bekommt eine Startnummer und kann sich an den aufgestellten Tafeln orientieren oder bei der Ausstellungsleitung umhören, wann er mit seinem Hund in einem dieser Ringe erwartet wird.

Wer nun glaubt, dass wir hier wie die Eunuchen längst vergangener Epochen miteinander um den schönsten Hund wetteifern, der irrt sich gewaltig. Gehen wir einmal davon aus, dass Sie einen Mops vorführen, so wird dieser zunächst seinem Alter entsprechend, einer Gruppe gleichaltriger Möpse zugeordnet. Das nennt man „Klasseneinteilung". Wenn die Gruppe, zu der Ihr Mops gehört, nun noch eine Wartezeit hat, bevor sie Ihre Hunde im Ring präsentieren kann, brauchen diese Aussteller keinesfalls in der Halle zu verharren, sondern gehen in die freie Natur. Manchmal schließt sich ein Waldstück an, ein anderes Mal finden Sie nur wenige Fußschritte von unserem Ausstellungsgelände einen sauberen Fluss, die Weser, vor. Er schlängelt sich durch ein kleines idyllisch gelegenes Städtchen (32602 Vlotho), das eingerahmt wird von Anhöhen und kleinen Bergen. Hier steht eine geräumige, abgelegene Halle, die sich zu unserem Lieblings-Ausstellungsplatz gemausert hat. Wer hier schon einmal bei uns Gast war, der weiß, wovon ich spreche.

Es gibt nur eine kleine ungepflasterte Straße zu unserer Halle, und nur die Aussteller und Besucher befahren diese langsam und in Schrittgeschwindigkeit, denn so mancher Hund verbringt den Tag bei uns frei, unangeleint und völlig ohne Zwänge.

Unser Ausstellungsgelände in Vlotho.

Entspannen, relaxen, ausruhen gleich hinter dem Richterring. Wenige Schritte führen zur Weser, wo alle Hunde lustig toben können.

Vergnügt geht es zu bei der Ausstellung des MPRV

So ist es durchaus möglich, dass Ihr Hund schnell mal in der Weser ein Bad nimmt, bevor Sie mit ihm den Ring betreten. Wenn Ihr Mops nun meint, er müsste sich danach noch im Sand wälzen, so bekommt unser Richter eben einen „panierten Mops" zu Gesicht. Macht nichts, er hat ein Handtuch in seinem Ring und während Ihr Mops es genießt, trockengerieben zu werden, hat der Richter sich schon ein Bild von seine körperlichen Merkmalen gemacht. Haben Sie oder der Richter den Eindruck, dass Ihr Mops es nun eilig hat, wieder zu seinen Artgenossen und in die Wiesen und Auen zu kommen, so bekommen Sie schnellstens Ihren Richterbericht sowie die schriftlichen Unterlagen in die Hand gedrückt und ab geht es.

Wenn Sie es wünschen oder Ihr Hund mitspielt, kann man sich mit dem Richter ausführlich unterhalten und die Bewertung des Hundes besprechen. Sollten Sie jedoch zuerst dem Wunsch Ihres Mopses nachgeben und zu Spiel und Spaß zurückkehren, so steht dieser Richter Ihnen auch nach Beendigung seiner Tätigkeit für ein Gespräch zur Verfügung.

Ich weiß, dass wir immer wieder Stellung dazu nehmen müssen, dass bei uns alle anwesenden Hunde den Titel bekommen, der an diesem Tag vergeben wird. Sie haben sich mit Ihrem Mops die Mühe gemacht, unsere Ausstellung zu besuchen und nicht wenige Aussteller sind auch aus dem angrenzenden Ausland eingereist. Sie haben vielleicht viel Geld ausgegeben für Benzin, eine Übernachtung und die Nenngebühr musste auch von Ihnen entrichtet werden. Nun ist Ihr Mops, genau wie die anderen anwesenden Möpse wesensfest, charakterlich als sehr gut einzustufen, körperlich in Form und verdient diesen Titel. Warum soll ein Richter nun aus diesen vielen Möpsen nur Ihrem Mops einen Titel zugestehen, wenn sich alle gleichermaßen fehlerfrei präsentieren? So muss es uns egal sein, ob nun an diesem Tage zehn Hunde einen Titel bekommen oder nur einer. Die Schönheit und die Ausstrahlung eines

Zur Endausscheidung „Best of Show" finden sich alle Anwesenden wieder ein.

Mopses lassen sich nicht in Größe, Weite oder Zeitangaben messen, wie bei manchen Sportarten. Wenn also ein Mops nicht bissig, verhaltensgestört oder überängstlich ist, sowie keinen körperlichen Mangel zeigt, bekommt er seinen Titel an diesem Tag verliehen.

Stellen Sie sich einmal vor, mehrere Waschmaschinen werden von einem Fachmann geprüft, so können Sie davon ausgehen, dass alle ein Prädikat erhalten, die die Anforderungen dafür erfüllen. Warum soll es bei unseren Hunden anders ein? Bedenken Sie bitte auch, dass ein Titel, der nun in dieser Ahnentafel Ihres Mopses eingetragen werden kann, mit Sicherheit nicht „erkauft" wurde. Ich möchte mich hier weit davon distanzieren, dass so etwas möglich ist, doch ausschließen lässt sich diese Möglichkeit leider auch nicht.

Es kommt nicht zu Futterneid unter unseren Ausstellern und niemand sieht einen anderen Mops als seinen Rivalen an, wie ich es leider oft bei Ausstellungen anderer Verbände erleben musste. Man kommt in Freundschaft, geht in Freundschaft und freut sich schon auf das nächste Wiedersehen.

Sicher lässt sich streiten über diese merkwürdige Methode der Titelvergabe, doch sind unsere Ausstellungen in erster Linie dazu da, dass sich Hunde und Halter kennen lernen, sich Hündinnenbesitzer einen Rüden für die Belegung aussuchen, die Besucher sich über unsere Hunderassen informieren können und nicht zuletzt auch schon Kontakte zu den anwesenden Züchtern knüpfen, wenn Zuschauer mit dem Gedanken spielen, sich einen Mops anzuschaffen.

Es soll ein Tag für anwesende Personen und Hunde werden, den sie alle als angenehm ansehen, ein Tag an dem Ihr Mops die Hauptrolle spielt und wenn Sie sagen, es geht bei der Ausstellung des MPRV e.V. zu, wie auf einem Rummelplatz für Hunde, dann sehen wir diesen Ausspruch als Lob. Genau in diesem Sinne sollen Sie und Ihr Mops unsere Ausstellung und unser Verbandsleben empfinden. Damit Sie sich wohl fühlen können, haben wir dafür gesorgt, dass es an Essen und Trinken nicht mangelt. Fürs Vergnügen ist eine Tombola aufgebaut, Sie können genüsslich im Gras liegen und dösen und Ihre Kinder vertreiben sich die Zeit damit,

Ball zu spielen. Da ist es wirklich nicht so schlimm, wenn in der Halle einmal ein Fenster zu Bruch geht. So etwas passiert schon mal und der Schaden ist doch schnell zu beheben.

Zum Ende unserer Ausstellung kommt es dann zu einem besonderen Ereignis. Wir suchen die „Publikumslieblinge", die dann zusätzlich die Auszeichnung „Best in Show" erhalten. Als Richter missbrauchen wir Zuschauer oder Aussteller, die sich freiwillig zur Verfügung stellen. Ein böser Streich unsererseits, denn diese haben nun die üble Aufgabe, aus allen anwesenden Hunden die sechs herauszufinden, die sie als „Best in Show" Titelträger ansehen. Ein fast unmögliches Unterfangen, das aber von den Personen, die hier nun fündig werden müssen, bisher zur Zufriedenheit aller bewältigt werden konnte.

Zum Abschluss bekommt jeder Aussteller einen Pokal als Erinnerung überreicht und wer nicht noch ein wenig klönt, der macht sich mit Hund, Tombolagewinnen und Pokal, satt, zufrieden und glücklich auf die Heimreise.

Wenn wir unsere Möpse zur Hundeausstellung bitten, ist es das Wichtigste für unseren Verband, die neueste Generation unserer „Langnasen" zu präsentieren und den daran interessierten Personen die Möglichkeit einzuräumen, sich hier ungezwungen umzuschauen.

Besuchen Sie einmal unsere Show und lassen Sie sich beeindrucken von Hunden, die sich natürlich, ausgelassen und frei bewegen. Wir heißen Sie schon jetzt herzlich willkommen auf unserer nächsten Ausstellung, dem „Rummelplatz für Hunde".

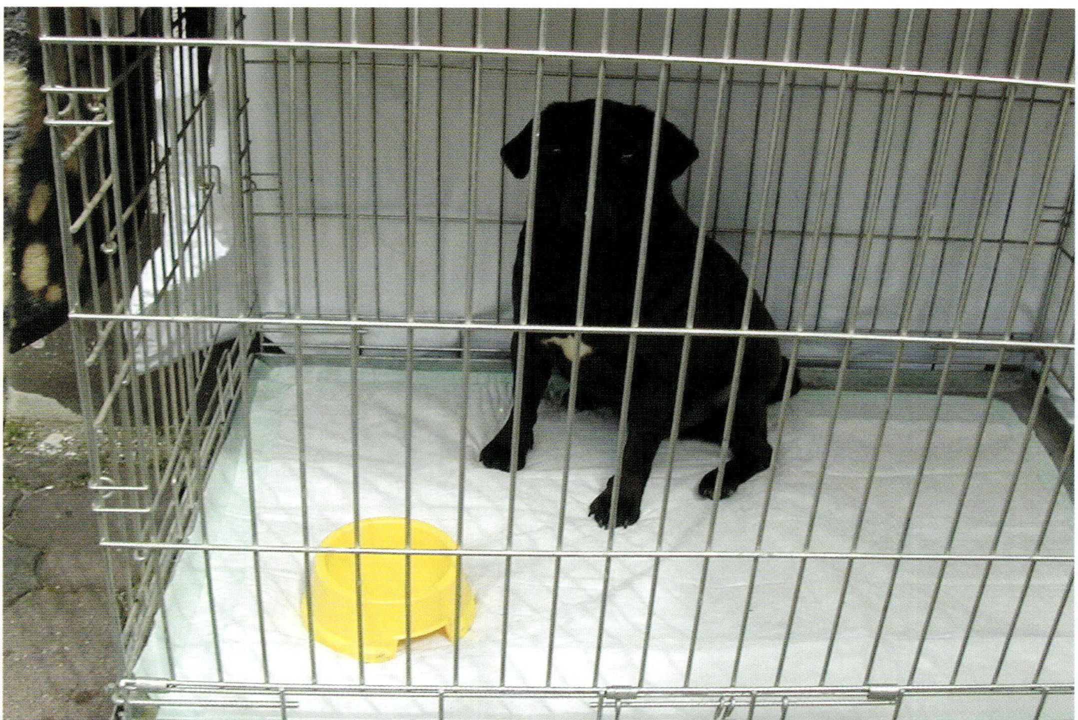

Eingepfercht muss dieser bedauernswerte Mops stundenlang warten bis er entnervt dem Richter vorgestellt wird. Die Halle ist stickig, es herrscht kein Rauchverbot und Auslauf gibt's schon gar nicht. Bei manchen anderen Verbänden der normale Zustand bei einer Ausstellung.

In den seltensten Fällen findet man Zuchten vor, in denen über mehr als eine Generation die Hundezucht Tradition hat. Fast alle Züchter begannen mit nur einer Hündin ihren Zwinger aufzubauen. Man hat eine Mopshündin gekauft und möchte diese gerne auf einer Ausstellung präsentieren. Hier nun kommt man mit Züchtern in Kontakt, die empfehlen, diese Hündin doch einmal zu decken. Wenn es sich um eine gute, kräftige Mopsdame handelt, dann steht diesem Vorhaben eigentlich auch nichts im Wege.

Völlig falsch aber ist das Ammenmärchen, das leider immer noch in den Köpfen mancher Personen herumgeistert, mit einem einmaligen Wurf die Hündin vor Gebärmutter- bzw. Brustkrebs sowie einer Pyometra[1] oder Wucherungen zu bewahren. Diese Krankheiten können auftreten, egal ob ihre Hündin nun jungfräulich ist oder schon einmal Mutter war.

Wir selber hatten eine Mopshündin, die mit knapp zwei Jahren 5 gesunde Welpen zur Welt gebracht hatte. Ein Jahr später wurde sie wiederum einem Rüden zugeführt – der gewünschte Erfolg in Form von Welpen blieb allerdings aus. Kurz danach stellte der Tierarzt bei dieser Zuchthündin Gebärmutterkrebs fest. Da die Hündin bis dahin fidel, munter und auch eine gute Kostgängerin war, wurden wir erst aufmerksam, als vermehrter Harndrang auftrat.

Die Untersuchung brachte die traurige Nachricht zu Tage. Bei der umgehenden Operation musste der Tierarzt zu seinem eigenen

Charakteristisch fordert diese Hündin beim Liebesspiel den Partner zum Deckakt auf.

[1] Gebärmutterentzündung

Das Hochzeitspaar animiert sich durch allerlei Gesten dieser Art.

Schrecken feststellen, das diese Mopsdame bereits voller Metastasen war und er entschloss sich schweren Herzens, die Hündin noch unter der Narkose einzuschläfern, um ihr Schmerzen, mit denen kurzfristig zu rechnen war, zu ersparen.

An dieser Stelle möchte ich Ihnen einmal mitteilen, dass unsere Möpse sehr schmerzunempfindlich sind. Sie merken einem Mops sehr schwer an, wenn er leidet. Diese an Pyometra erkrankte Hündin hätte vielleicht noch bis zu drei Monate leben können. Es ist dann immer ein Spagat zwischen Vernunft und Hoffnung, hier die richtige Entscheidung zu treffen und ich kann nur hoffen, dass wir den einzig vernünftigen Weg eingeschlagen haben.

Auch die Erwägung, Ihre Hündin solle sich doch ein Mal vererben, ist für mich kein Grund, diese Mutter werden zu lassen. Ebenso wenig der Gedanke, dieser ein Mutterglück zu gönnen. Gleiches gilt für den Fall, dass Ihre Kinder die Möpse so lieben und sie so erleben können, wie Welpen aufwachsen oder gar geboren werden.

Hundezucht – das muss ich hier einmal ganz deutlich anführen – bedeutet eine große Verantwortung, unendlich viel Arbeit, grenzenlose Hingabe und nicht zuletzt finanzielle Opferbereitschaft. Kommen Sie niemals auf die Idee, mit der Zucht von Möpsen Geld verdienen zu können. Das ist ein großer, verhängnisvoller Irrtum. Es mag sein, dass in professionellen Hundezwingern hier Profit auszumachen ist, nicht aber in einer kleinen Stubenzucht.

Trotzdem will ich Ihnen nicht den Mut nehmen, es einmal zu probieren. Zunächst schließen Sie sich einem spezialisierten Hundezuchtverband – wie z. B. dem MPRV e.V. - an, der auch etwas von der Rasse Mops versteht. Dann besprechen Sie ihren Plan mit einem Tierarzt, der Ihnen bereits im Vorfeld erklären kann, ob die Hündin körperlich in der Lage ist, Welpen auszutragen und zu gebären. Gehen Sie dann zu einem Zuchtwart, den Ihnen ihr Hundeverband nennt, und lassen sie diese Hündin zuchttauglich schreiben.

Damit sind die ersten erforderlichen Schritte gemacht. Nun brauchen Sie einen Rüden, der diese Hündin belegen soll. Nehmen Sie nicht irgendeinen, sondern beraten Sie sich mit den Züchtern und Vorsitzenden Ihres Hundeverbandes. Hier wird man die Ahnentafel Ihrer Hündin prüfen und Ihnen Rüden vorschlagen, die zu der Hündin passen. Schließlich wollen Sie Welpen, die gesund und charakterfest sind - da sollte man nach dem Erzeuger schon sehr genau Ausschau halten. Es ist ein fataler Fehler, nun den Rüden zu wählen, der nah bei Ihrem Wohnort beheimatet ist. Für die Auswahl des Rüden brauchen Sie nicht nur Fingerspitzengefühl, sondern soviel Wissen und Kenntnisse über den zukünftigen Vater Ihrer Welpen, wie eben möglich. Da lohnt sich auch der weiteste Weg, wenn Sie sich von dem Rüden gesunde und „langnasige" Mopswelpen versprechen.

Haben Sie sich nun also für einen Rüden entschieden, warten Sie die nächste Läufigkeit Ihrer Hündin ab. Sie sollte ca. 16 Monate alt sein, bevor Sie ihr Mutterpflichten auferlegen.

Warten Sie nun diese Läufigkeit ab und setzen Sie sich sofort mit dem Rüdenhalter in Verbindung. Es ist immer zweckmäßig, die Hündin zum Rüden zu bringen. Ein Rüde muss in einer fremden Umgebung nicht immer bereit sein, die Hündin zu belegen, sondern lässt sich dann schnell durch Äußerlichkeiten ablenken. Klären Sie in einer Absprache die Decktaxe mit dem Besitzer des Rüdens ab und verankern Sie diese Zahlung auch in einem Deckvertrag. Etwa zwischen dem 10. und 14. Tag nach Einsetzen der Blutung ist Ihre Hündin deckbereit. Sie erkennen diese befruchtungsfähige Zeit daran, dass der Ausfluss hellrosa wird oder ganz aussetzt. Berühren Sie die Hündin am Rutenansatz, so legt sie diese beiseite und zieht gleichzeitig das Geschlecht hoch. Sollte sie noch nicht bei dem Rüden sein, so ist es nun allerhöchste Zeit für Ihre Reise. Besser aber ist es, sie ein wenig vorher dem Rüden zuzuführen. Beide Möpse haben dann genügend Zeit, sich erst einmal kennen zu lernen.

Gleichzeitig können Sie sicher sein, dass der erfahrene Deckrüde genau weiß, wann die Hündin befruchtungsbereit, d.h., der Eisprung erfolgt ist.

Nun habe ich immer wieder erleben müssen, dass die Hündinnenbesitzer glauben, dieses ist das Wochenende. Genau dann hat man Zeit, die Autobahn ist nicht so voll und man kann es ruhig angehen lassen. Das ist ein nicht wieder gutzumachender Irrtum. Die Läufigkeit richtete sich nicht danach, wann Sie es ermöglichen können, den Rüden aufzusuchen. Das kann durchaus mitten in der Woche sein. Auch wenn sich eine Hündin mehrere Tage hintereinander belegen lässt, ist die Wahl des Zeitpunktes der Kopulation von größter Bedeutung. Der falsche Zeitpunkt ist meist Ursache dafür, dass die Hündin „leer" bleibt. Wenn die Paarung zu früh oder zu spät stattfindet, kommt es nicht zur Befruchtung und natürlich auch nicht zum erwünschten Nachwuchs. Der gute, zuchterfahrene Rüde erkennt mit seinem ausgeprägten Geruchsinn den genauen Zeitpunkt am allerbesten.
Bei dem Besitzer des ausgewählten Vaterhundes angekommen, machen Sie die Hündin zunächst ein wenig mit der neuen Umge-

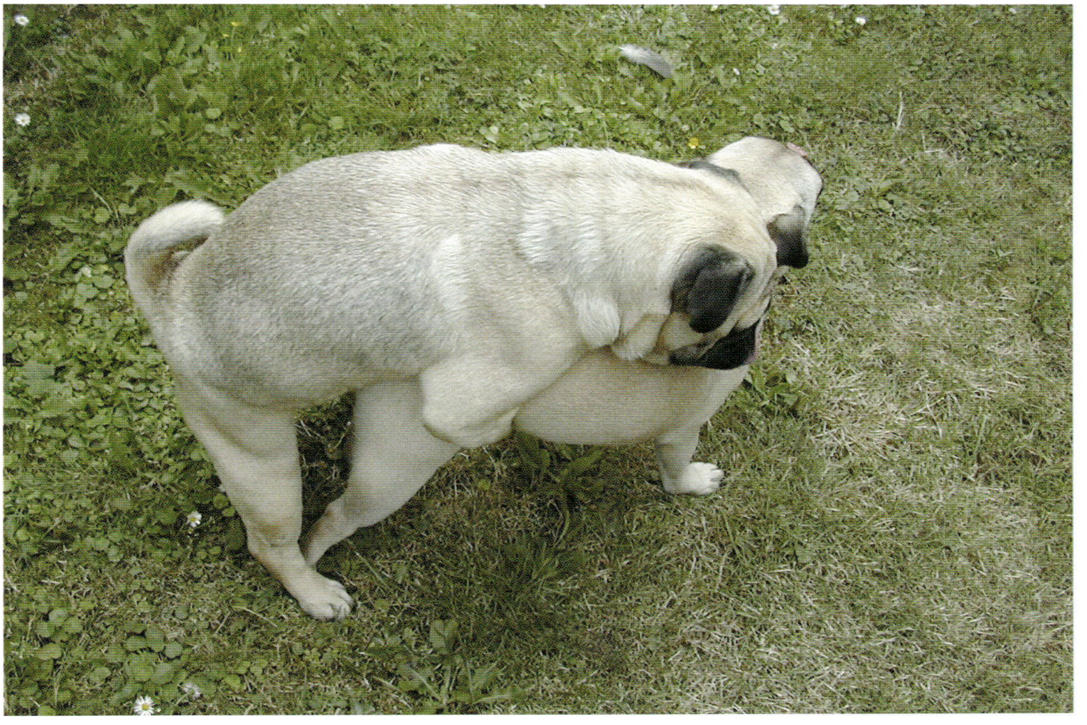

Der Rüde umklammert die deckbereite Hündin beim Aufreiten mit seinen Vorderpfoten und die Paarung beginnt.

bung bekannt. Sie soll sich ein bisschen ausruhen und vielleicht unternehmen Sie auch noch einen Spaziergang mit der späteren Mutter, damit sie sich lösen kann. Ist ein Garten vorhanden, so eignet sich dieser genauso. Nun heißt es Geduld und Zeit aufzubringen. Zunächst dürfen sich Hündin und Rüde begrüßen. Nach dem ausgiebigen Beschnüffeln der Möpse untereinander beginnen beide ein munteres Paarungsritual. Die Hündin dreht die Rute zur Seite, schwenkt ihr Hinterteil und animiert den Rüden zum Aufreiten. Sie können Verfolgungsjagden beobachten, während die Hündin immer wieder stehen bleibt und den Rüden durch ihr Verhalten zum Aufreiten ermutigt. Dieser weiß genau was er soll und wird es von Zeit zu Zeit immer wieder probieren. Klappt es nicht nach Wunsch der Hündin, so reitet diese durchaus auch bei ihm auf. Aus diesem Liebesspiel kommt es dann zum eigentlichen Deckakt. Nach mehrmaligem Aufreiten dringt der Rüde plötzlich in die Hündin ein. Es erfolgen noch einige kräftige Stöße und die Paarung nimmt ihren Gang. Der Rüde besitzt an der Basis seines Penis Schwellkörper, die nun ein Hängen der beiden Partner verursachen. Jetzt tritt der Züchter in Erscheinung und hält seine Hündin, so diese sich unruhig gebärdet, fest, streichelt und beruhigt sie, während der Rüde durch pendelnde heftige Bewegungen seinen Samen in die Hündin pumpt. Danach wird ihm dabei geholfen von der Hündin abzusteigen, wobei man das Hinterbein des Rüden über den Rücken der Hündin hebt. Nun stehen beide Hinterteil an Hinterteil. Dabei verhalten sich die Hochzeitspaare sehr unterschiedlich. Einige ignorieren sich, andere belecken sich – geben sich sozusagen Küsschen – indem sie sich nebeneinander stellen und gehen sehr liebevoll während des Hängens miteinander um. Andere Paare legen sich nebeneinander; doch egal, welche Stellung sie beziehen, wichtig ist es, dass sie sich nicht durch heftige, brüske Bewegungen auseinander ziehen. In diesem Fall würde der Rüde zu Schaden kommen. Deshalb ist es unsere Art, immer bei dem Deckakt anwesend zu sein und beiden Möpsen mit sanftem Tonfall zu erklären, wie toll uns ihr Verhalten gefällt. Manchmal dauert das Hängen nur wenige Minuten, es kann aber durchaus auch mal eine gute Stunde daraus werden. Grundlegend ist das „Hängen" jedoch nicht wichtig für die Befruchtung der Hündin. Es handelt sich hierbei um eine Art Sicherheitsmaßnahme, die die Chance der Aufnahme vergrößert. Es kann eben nichts wegfließen. Meist schaut die Hündin während des Hängens höchst zufrieden in die Welt, leckt sich die Lefzen oder ihren Partner und beide warten geduldig auf die „Befreiung".

In dieser Zeit haben die Spermien Hochsaison. Durch die Eigenbewegungen mit ihren Geißelschwänzchen suchen sie den Weg durch die Gebärmutter in die Eileiter der Hündin.

Treffen sie hier auf ihr Ziel, nämlich auf befruchtungsfähige Eier, so versuchen sie eines davon zu durchbohren. Auch wenn sich mehrere darum bemühen, so gelingt es nur einer einzigen, den Zellkern zu erreichen und damit die Befruchtung abzuschließen. Der Geißelschwanz wird abgeworfen, es errichtet sich sofort danach eine Schutzwand um das Ei und weitere Spermien können nicht mehr eindringen. Unbefruchtete Eier, die nicht länger als zwölf bis zwanzig Stunden leben, werden ausgestoßen oder sterben ab. Auch die Samenzellen, die zu den Verlierern zählen, also kein Ei befruchtet haben, sterben nach ca. zwei Tagen ab.

Ist die Zeit des „Hängens" vorüber, trennen sich die Möpse – gelegentlich auch mit einem

Die Schwellkörper des Rüden verursachen das typische „Hängen".

Aufschrei – voneinander. Meist deutet sich dieser Zeitpunkt mit einer Unruhe des Hochzeitspaares an. Man kümmert sich um die Hündin, die auf den Arm genommen wird und nun erst einmal ausruhen sollte. Da die Blase der Hündin ihren Ausgang durch die Scheide hat, sollte man ein Urinieren der Braut vermeiden. Es befinden sich immer noch Spermien in der Scheide und diese würden dann ausgespült. Der Schwall an Flüssigkeit, der nach dem Lösen der Hunde auf den Boden tropft, enthält keine Spermien, sondern ist mehr oder weniger nur Ejakulat, das aus der Prostata stammt und die Aufgabe besitzt, den Samen einzuspülen.

Vergessen Sie jetzt aber auch den Rüden nicht. Er steht nun da und versucht seinen Penis wieder einzuziehen. Das Beste ist in diesem Fall, wenn Sie ihn zum Gehen bewegen. Oft aber leckt sich der Rüde auch und nach kurzer Zeit ist alles wieder da, wohin es gehört. Nachdem Sie ihn kontrolliert haben, sollten Sie dem Rüden auch ein Stunde Schlaf gönnen und ihm ein ruhiges, gemütliches Plätzchen zuweisen.

Nach 24 Stunden kann man den Deckakt wiederholen. Das dient der Sicherheit, sollte der richtige Zeitpunkt doch nicht getroffen worden sein.

Sie sehen also, dass es wichtig ist, die Möpse zum richtigen Zeitpunkt zu verpaaren und das ist durchaus nicht das ersehnte Wochenende. Unsere Art ist es, die Hündin einige Tage bei uns verweilen zu lassen und den Halter nach der Ankunft bei uns wieder den Heimweg antreten zu lassen. Sicher aber lässt sich auch eine Unterkunft in der Nähe finden, denn oft ist der Weg zum richtigen Vaterrüden doch sehr lang und anstrengend.

Manchmal kann der Hündinnenhalter auch dem Deckakt beiwohnen. Das ist dann der

Um ein ruckartiges Auseinanderziehen zu vermeiden, beruhigt der Züchter seine Möpse und ist jederzeit eingriffsbereit.

Fall, wenn die Verpaarung am Tag der Ankunft erfolgen kann oder er die Möglichkeit zu einigen Übernachtungen findet. So wäre es ideal, da er seine Hündin bei sich behalten kann und sie nur zum eigentlichen Deckakt zu uns bringt. Ansonsten ist es zweckhaft, die Hündin ein paar Tage unserer Obhut zu überlassen. Fotos können dann vom gelungenen Deckakt überzeugen.

Nehmen Sie sich also viel Zeit, am besten ein paar Urlaubstage, in der Sie Ihre Hündin belegen lassen können. Manchmal lässt es sich einrichten und es wäre für alle Beteiligten die beste Lösung.

Doch niemals kann man sicher sein, dass der Deckakt auch wirklich erfolgreich verlaufen ist. Auch uns ist es schon passiert, dass wir weite Strecken in Kauf nahmen, viel Zeit investierten und dann doch keine Welpen geboren wurden. Lassen Sie sich dann nicht entmutigen. Die Hündin kann durchaus in der nächsten Hitze aufnehmen und Ihnen die erwünschten Welpen zur Welt bringen. In der Regel ist diese nächste Belegung dann für den Hündinnenbesitzer kostenfrei – es ist also nicht üblich, nach dem Leerbleiben nun noch einmal ein Deckgeld zu zahlen –. Sollte die Hündin wiederum nicht aufnehmen, sollte man einen Tierarzt nach der Ursache forschen lassen.

Gehen wir aber einmal davon aus, dass Ihre Hündin Welpen bekommen wird. Da heißt es, sich wiederum in Geduld zu fassen. Sie werden zum Anfang der Schwangerschaft keine Veränderung feststellen können. Vielleicht schläft Ihre Hündin ein wenig mehr oder wird liebedürftiger. Erst nach ca. 4 Wochen Tragezeit können Sie eine ganz leichte Wölbung unter dem Rippenbogen feststellen. Manchmal, so um die 3. Woche der Tragezeit erbricht unsere Hündin auch oder leidet unter Appetitstörungen. Zu dieser Zeit stellt sich der gesamte Stoffwechsel der Hündin um und es kommt zu derartigen Erscheinungsmerkmalen.

Als absolut sicher gilt die Schwangerschaft dann, wenn sich Scheidenausfluss, der zäh und durchsichtig ist, bei unserer Mopshündin zeigt. Dieses war für uns immer das Anzeichen einer Schwangerschaft und darin haben wir uns noch nie getäuscht. Hündinnenhalter, die unsicher sind, ob die Hündin trägt, sollten bei Ihrem Tierarzt eine Ultraschallaufnahme machen lassen.

Regelmäßige Spaziergänge, gutes und abwechslungsreiches Futter sind nun für unsere tragende Hündin wichtig. Ansonsten kann man gar nichts für die werdende Mutter tun, denn die Schwangerschaft ist keine Krankheit. Nach und nach wird sich ihr Leibesumfang vergrößern. Man sollte nun darauf achten, dass sie nicht mehr vom Sofa springt oder sich überanstrengt. Liebevoll jedoch sollten Sie sich immer um die werdende Mutter kümmern. Streicheln Sie ihren Bauch, berühren Sie die Zitzen, die nun weiter hervortreten und ebenfalls den Geschlechtsbereich. So gewöhnt sich die Mopshündin daran, dass Sie sie überall berühren und das ist für die Geburt und Säugezeit der Welpen ein nicht zu unterschätzender Vorteil.

In der 7. Woche der Tragezeit verabreichen Sie der Hündin eine Wurmkur. Diese Maßnahme ist von großer Bedeutung. In der Muskulatur, der Gebärmutter sowie im Brustdrüsengewebe der Mutter befinden sich eingekapselte Spulwurmlarven. In der Zeit der Trächtigkeit werden diese wieder reaktiviert, wandern durch die Luftröhre in den Rachenraum und werden dort wieder verschluckt. Als geschlechtsreife Würmer leben sie dann im Darm der Hündin und infizieren die ungeborenen Welpen schon in der Gebärmutter oder später über die Mich.

Sonst müssen Sie wirklich nur abwarten. Ganz ungeduldige Hündinnenhalter können zwischen dem 45. und 60. Tag der Schwangerschaft eine Röntgenaufnahme anfertigen lassen. Das Skelett der Welpen ist dann so weit ausgebildet, dass man aufgrund dieser Aufnahme die genaue Anzahl der zu erwartenden Welpen erkennen kann. Ich persönlich spreche mich aber gegen ein derartiges Unterfangen aus, denn hier sind die Welpen Strahlungen ausgesetzt, die ich für überflüssig ansehe. Bei einer notwendigen Indikation, wie etwa den Verdacht, dass die Hündin nur einen Welpen austrägt, halte ich es für angebracht. Ein einzelner Welpe ist oft viel zu groß; hat er doch alles an Nährstoffen bekommen, was für mehrere Welpen gedacht war. Dieser viel zu große Welpe passt dann nicht durch den Geburtskanal und hier halte ich eine Röntgenaufnahme für zweckmäßig, sodass man einen Kaiserschnitt einplanen kann.

Ebenso habe ich Verständnis für eine Röntgenaufnahme, wenn man davon ausgehen muss, dass die Hündin gar nicht tragend ist.

Für unsere tragende Hündin jedoch müssen wir nun einige Vorbereitungen in Hinsicht

Dieses Foto überließ mir Dr. J. Kienzle in München (www.tierarztpraxis-dr-kienzle.de). Hunde besitzen zwei Gebärmutterhörner, in welchen die Welpen wie Perlen aufgereiht hintereinander liegen. Dieses Bild entstand während einer Kaiserschnittentbindung. Man sieht hier ein Horn, das aus der geöffneten Bauchdecke entnommen wurde. Deutlich sind zwei Welpen zu erkennen.

auf die Geburt treffen. Zunächst kümmern wir uns um ein Wurflager. Zweckmäßig ist eine ca. 80 mal 80 cm große Holzkiste, die innen ungefähr 8 cm über dem Boden schmale Holzleisten hat.

Später, wenn die Welpen geboren sind, haben diese die Möglichkeit unter diese Holzleisten auszuweichen, wenn sich die Mutter einmal ungeschickt hinlegt. So kann ein Welpe nicht erdrückt oder verletzt werden. Natürlich muss diese Kiste gut sauber zu halten sein, deshalb legen wir sie mit Kunststoffboden aus. Darauf kommt eine weiche Decke oder eine ähnliche Unterlage. Nun sollte die Hündin diese Kiste auch als Lager annehmen. Zum Eingewöhnen eignet sich als bester Stellplatz Ihr Schlafzimmer, wo Sie dann in den letzten Tagen der Schwangerschaft Ihre Hündin auch des Nachts unter Kontrolle haben.

Wenn diese Wurfkiste nun parat steht, kaufen Sie ein elektrisches Heizkissen. Es sollte drei Heizstufen aufweisen. Überziehen Sie es mit einem weichen Bezug und achten Sie dabei darauf, dass dieser durch einen Reißverschluss zu schließen ist. Ein Knopfverschluss birgt die Gefahr, dass durch die Öffnungen der Knopfleiste ein Welpe krabbeln kann. Dieser arme Kerl irrt zwischen dem blanken Heizkissen und dem Bezug umher und findet den Ausgang nicht wieder. Auch die in Panik geratene Mutter, die ihn natürlich wimmerlich schreien hört, kann ihn nicht wieder herauslecken und die Situation kann dazu führen, dass der Welpe viel zu heiß liegt und stirbt. Ein Heizkissen mit Reißverschlussbezug bekommen Sie wohl kaum im Handel. Gestalten Sie den Bezug deshalb selber welpensicher, indem Sie den Reißverschluss einnähen oder einnähen lassen.

Mit einem digitalen Fieberthermometer können Sie die Körpertemperatur Ihrer Hündin innerhalb von Sekunden messen. Bequem wird es kurz in das Ohr des Mopses gehalten.

Nun sorgen Sie dafür, dass Sie Welpenmilch im Hause haben. Es könnte ja sein, dass die Mutter nicht genügend Milch hat oder diese erst später einschießt. In diesem Fall müssen Sie die Welpen zunächst mit der Flasche füttern, die für unsere Mopswelpen sehr klein sein kann. Ebenfalls sollte der Sauger nur minimal sein.

Nun stellen Sie ein Geburts-Tablett zusammen. Darauf gehören Kleenex-Tücher, eine scharfe Schere, Nähseide, ein Notizblock und Kugelschreiber zur Führung des Wurfprotokolls sowie eine Baby- oder Briefwaage. Daneben ein Stapel frisch gewaschener Handtücher und ein Zettel mit der Telefonnummer Ihres Tierarztes.

Von der Belegung bis zur Geburt vergehen ungefähr 57 bis 63 Tage. Um nun ungefähr zu wissen, ob diese bevorsteht, verweise ich den Erstlingszüchter auf die Überprüfung der Körpertemperatur der Hündin. Diese wird im Darm gemessen und liegt im Normalzustand etwa bei 38 – 38,6 Grad. Die Messungen sollten mehrfach täglich mit einem gut gefetteten Thermometer durchgeführt werden. Irgendwann dann fällt die Temperatur der Hündin auf unter 37 Grad ab. Nun können Sie davon ausgehen, dass die Geburt innerhalb der nächsten 24 Stunden einsetzt. Aus eigener Erfahrung kann ich sagen, dass bei einigen unserer Möpse schon zu diesem Zeitpunkt, wenn also die Temperatur noch unter 37 Grad liegt, die ersten Wehen zu bemerken sind. In anderen Fällen aber steigt die Temperatur wieder an und es kommt erst dann zu Wehentätigkeiten. Einige Stunden vor Geburtsbeginn werden Sie auch feststellen, dass die Hündin keine Nahrung mehr zu sich nimmt. Sie hat den Drang, sich mehrfach zu lösen und nicht selten konnten wir in diesen Stunden Durchfälle beobachten.

Die häufigsten Merkmale der beginnenden Wehen erkennen Sie daran, dass die Hündin

- unruhig wird
- sich oder das Körbchen beleckt
- sich immer wieder zum Bauch umdreht
- sich im Kreis dreht
- Schleim aus der Vulva absondert
- schneller atmet
- zittert
- gelegentlich oder durchgehend hechelt
- schluckt oder sich mit der Zunge über das Mäulchen fährt
- gähnt
- aufsteht und kräftig scharrt
- abwesend schaut und gering ansprechbar ist

Ihre Hündin liegt nun in den Eröffnungswehen, d.h., der Gebärmutterhals beginnt sich zu eröffnen und die Welpen werden in die richtige Geburtsposition gebracht. Diese Wehen können durchaus 12 - 24 Stunden lang andauern. So manchen Tierarzt haben wir schon zur Verzweiflung gebracht, der nach 12 Stunden mit dem Kaiserschnittbesteck operationsbereit stand, was wir dankend ablehnten. Ein Tierarzt besitzt ein so genanntes Vaginaskop, ein Instrument mit dem er feststellen kann, wie weit der Muttermund bereits geöffnet ist. In jahrelanger, mühevoller Arbeit und unter Anleitung einer erfahrenen Kleinhundetierärztin und -züchterin habe ich gelernt, diesen Durchmesser mit dem Finger zu ertasten. Wenn die Eröffnung kontinuierlich weitergeht, so besteht keine Gefahr für Mutter oder Welpen. Ein blutiger Ausfluss zu dieser Zeit ist normal, kritisch wird es, wenn er sich grün färbt. Fast immer stammt diese Färbung von einem abgestorbenen Welpen, der die Geburt erheblich verzögern oder gar zum Stoppen bringen kann. Nach etwa 100 Mops- und Pekingesengeburten, die ich gemeinsam mit meinem Mann, sowohl bei uns, als auch bei anderen Züchtern überwachte, traue ich es mir zu, verantwortlich zu entscheiden, wann die Hilfe des Tierarztes nötig ist. Selbstverständlich aber wurde er von der bevorstehenden Geburt informiert und muss immer für Sie rufbereit sein.

Da man damit rechnen muss, dass sich diese Eröffnungswehen über 24 Stunden hinziehen können, überlässt mein Mann mir die Arbeit nicht alleine, sondern überwacht die Geburt, während ich dann ausruhen oder schlafen kann. Da wir alle Geburten gemeinsam betreut haben, sind wir ein eingespieltes Team und auch mein Mann kennt sich hier genau aus. Wer von uns beiden auch schläft, geweckt wird er in dem Moment, wo die ersten Presswehen bei der Hündin einsetzen. Durch das Abtasten des Muttermundes kann man diesen Zeitpunkt am Größendurchmesser ungefähr absehen. An dieser Stelle aber warne ich Sie ausdrücklich davor, hier etwa in Eigenregie mein durch fachmännische Hilfe erlerntes Abtasten selber durchführen zu wollen. Sie können nur Schaden anrichten. Fahren Sie lieber mit der Hündin zum Tierarzt und lassen Sie hier nachschauen. Im günstigsten Fall kommt der Tierarzt auch zu Ihnen ins Haus. Jedoch dürfen Sie ihn ruhig darauf hinweisen, dass nach meinen Erfahrungen die Eröffungsphase sich bis zu 24 Stunden hinziehen kann. Natürlich ist Ihre Hündin in dieser Zeit nicht immer wach. Oft schläft sie einige Stunden zwischendurch und kann so neue Kräfte sammeln.

Die Presswehen sind eindeutig zu erkennen. Ihre Hündin hebt die Rute steil nach oben, während Sie sehen, dass eine Wehe wellenförmig über ihren Körper läuft. Sie werden immer kräftiger und der Welpe hat nun die schwierige Aufgabe vor sich, die Gebärmutter zu verlassen und sich durch das knöcherne Becken seiner Mutter zu schieben. Gelegentlich setzt sich die Gebärende beim Pressen so hin, als wolle sie Kot absetzen. Manche Mütter liegen auch und stützen sich während des Pressvorganges am Rand des Körbchens oder der Wurfkiste ab. Nach einigen kräftigen Wehen können Sie dann erleben, wie sich die Vulva der Hündin nach außen wölbt und dicker wird. Nun kommt mit der nächsten Wehe der erste Welpe ans Licht der Welt. In einigen Fällen sehen Sie aber auch zunächst nur einen mit einer braungelben Flüssigkeit gefüllten Beutel, der von einer dünnen Haut umgeben ist. Dabei handelt es sich dann um die Fruchtblase, welche im Idealfall jedoch in den Presswehen platzt und den Geburtskanal für den Welpen schlüpfrig macht. Sollte die gefüllte Fruchtblase zum Vorschein kommen, lassen Sie diese unberührt. Kurze Zeit darauf wird dann der erste Welpe geboren. Meistens erscheint er eingepackt in einer Eihülle. Nun ist es Ihre Aufgabe, den neuen Erdenbürger davon zu befreien, indem Sie diese mit den Fingern aufreißen. Wurde die Nachgeburt gleich mit ausgestoßen, so ist es leicht den Welpen abzunabeln. Etwa einen cm von dessen Nabel entfernt pressen Sie die Nabelschnur mit Daumen und Zeigefinger zusammen und kneifen Sie mit den Fingernägeln durch oder drücken sie fest zusammen um sie mit der Schere zu durchschneiden. Anschließend wird der Neugeborene sofort mit einem Handtuch kräftig trockenfrottiert. Massieren Sie dabei den vorderen Rücken und er wird seinen ersten Schrei ausstoßen. Das ist ein sehr gutes Zeichen dafür, dass seine Lungen sich weiten und er nun eigenständig atmet.

Leider ist es bei unseren degenerierten Möpsen so, dass sie ihre Welpen kaum mehr selber aus der Eihaut lecken, sie abnabeln und durch ihre Zunge zum Schreien bewegen. Diese Arbeit müssen Sie deshalb selber übernehmen. Geraten Sie keinesfalls in Panik, arbeiten Sie jedoch zügig; sowohl bei der Entfernung der Eihaut als auch bei der Abnabelung.

Sollte die Nabelschnur noch mit der in der Hündin verbliebenen Nachgeburt verbunden sein, wird es etwas schwieriger mit der Abnabelung. Jedoch ist immer so viel Nabelschnur zu fassen, dass diese durchtrennt werden kann. Die Nachgeburt wird dann später ausgestoßen.

Nach und nach kommt nun ein Welpe nach dem anderen zur Welt. Zählen Sie die Nachgeburten. Jeder Welpe besitzt eine eigene und es ist gut, wenn die Anzahl der Nachgeburten mit der Zahl der Welpen übereinstimmt. Eine zurückgebliebene Nachgeburt könnte eine Gebärmutterentzündung auslösen. Unsere Möpse fressen, auch wenn es für uns Menschen ein wenig merkwürdig erscheint, die Nachgeburten der Welpen gerne auf. Sie sind so reichhaltig an Vitaminen, Eisen, Proteinen und Hormonen, dass wir sie der Mutter nicht vorenthalten sollten. Unsere Art ist es, falls die Gebärende die Nachgeburt nicht im Ganzen verschlingen möchte oder kann, diese mit einer Schere zu zerteilen und in kleinen Stückchen anzubieten. Meist wird sie so auch gerne angenommen.

Zwischen den einzelnen Geburten braucht die Mutter natürlich Ruhepausen. So ist es durchaus möglich, dass ein Welpe erst eine Stunde nach dem vorherigen geboren wird. In dieser Zeit lassen wir die Mutter ausruhen, trinken selber eine Tasse Kaffee und sind bei der nächsten Presswehe wieder sprungbereit. Die geborenen Welpen legen wir zu der Mutter und Sie werden sehen, wie sie sofort die Milchquelle ausfindig machen oder am warmen Bauch der Mutter einschlafen. Unter der nächsten Wehe nehmen wir die schon gebo-

Diese Hündin freut sich über ein angenehmes Wurflager. Es handelt sich um ein großes Plastikkörbchen, ausgelegt mit einer dicken Unterlage, die mit einem Bettbezug versehen wurde. Nach der Geburt lässt sich alles spielend reinigen.

renen Welpen und legen sie in ein Körbchen, welches mit dem erwärmten Heizkissen ausgelegt ist. Manche Mutter wehrt sich auch gegen den Entzug der Welpen und ich habe immer Sorge, dass sie während einer schmerzhaften Presswehe eines ihrer Kinder verletzen könnte. Bisher aber ist es noch nie zu einem derartigen Drama gekommen.

Wenn Sie nun der Meinung sind, alle Welpen sind geboren, so besteht ihre nächste Aufgabe darin, den Tierarzt zu informieren. Ein guter Tierarzt kommt ins Haus, untersucht die Mutter und die Welpen und unternimmt nun alles Erforderliche für die Gesunderhaltung der kleinen Familie.

In der Regel ist unser Mops eine sehr gute Mutter und kümmert sich rührend um ihren Nachwuchs. Sie hat kaum Zeit sich zu lösen, sondern strebt immer wieder dem Wurflager zu. Sie sind sowieso erst einmal abgeschrieben. Trotzdem genießt sie Ihre Streicheleinheiten; nur ist es eben umgekehrt - nicht sie kommt, sondern Sie gehen zu ihr.

Verwöhnen Sie die Mutter wieder mit dem besten Futter, denn sie braucht nun wirklich viel Energie um die Kinder zu stillen, zu putzen und großzuziehen. Eine Geburt und die anschließende Aufzucht ist für die Mutter eine Höchstleistung, die man nicht unterschätzen darf. Jedoch wird die gesunde und kräftige Mopshündin dieses problemlos verkraften und Sie werden viel Freude, aber auch enorm viel Arbeit mit diesen kleinen Welpen haben, die Sie dann später auch noch abgeben müssen. Ein guter Hundeverband, wie der MPRV e.V., wird Ihnen helfen, die richtigen Welpenkäufer zu finden.

Meine Motivation, dieses letzte Kapitel für Sie zu verfassen, finden Sie darin, dass ich Ihnen nicht vorenthalten wollte, einen Einblick in die Zucht zu bekommen. Ich habe hier einmal geschildert, wie so etwas im Normalfall vor sich geht. Jedoch gibt es unzählige Komplikationen, über die sich ein eigenes Buch schreiben ließe. Dem Erstlingszüchter empfehle ich, die Geburt mit einem erfahrenen Helfer durchzuführen. Längst nicht alles, was einer zuchterfahrenen Person bekannt ist, habe ich hier erwähnen können. Umfassend informieren könnte hier wirklich nur Literatur, die sich speziell mit der Hundezucht befasst. Ich konnte hier nur einen kleinen Abriss von der Geburt eines Mopses wiedergeben. Doch auch nach ca. 100 Geburten gestehe ich gerne, dass ich manchmal noch überrascht werde von den unterschiedlichen Abläufen, die mit dem Eintritt der Welpen in unsere Welt verbunden sind.

Immer wieder betrachte ich die neugeborenen Welpen voller Ehrfurcht und habe gehörigen Respekt vor der Leistung einer Mopsmutter.

Jedes dieser kleinen Wesen ist ein Wunder der Natur.

Das Vorwort dieses Buches wurde von mir mit Bedacht ausgewählt. Blättern Sie bitte einfach noch einmal zurück.

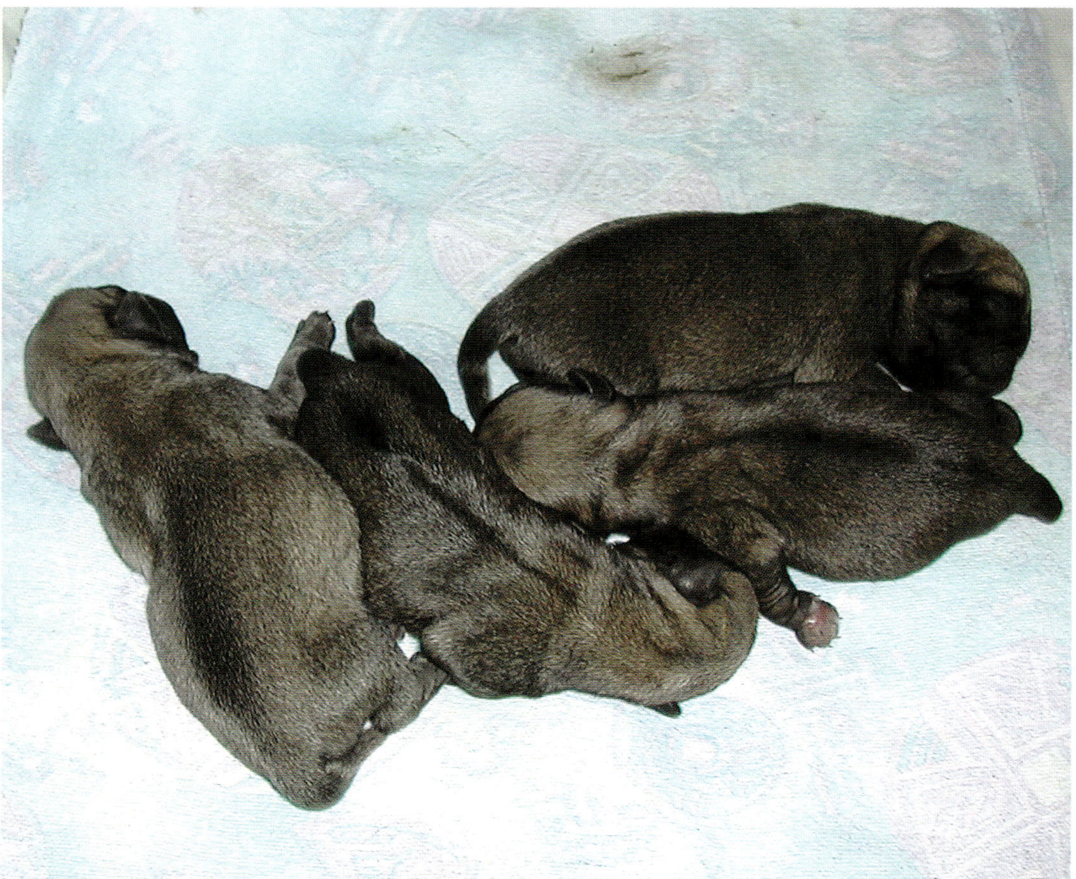

Die Welpen sind geboren und schlafen nach der Anstrengung der Geburt auf dem Heizkissen.

Möpse müssen geimpft werden

Regelmäßige Impfungen halten Ihren Mops gesund. Vierzehn Tage vor dieser Maßnahme muss der Hund entwurmt werden. Der Tierarzt wird ihn erst einmal gründlich untersuchen, denn es ist wichtig, dass der Mops zum Zeitpunkt der Impfung keinen gesundheitlichen Mangel erkennen lässt.

Bei der ersten Impfung händigt Ihnen Ihr Tierarzt einen Impfpass aus, in dem die persönlichen Daten des Mopses vermerkt sind.

Falls Sie mit Ihrem Mops ins Ausland reisen, führen Sie nicht nur diesen Impfpass mit, sondern erkundigen Sie sich zuvor bitte auch nach den Einreisebestimmungen.

In der achten Lebenswoche lassen Sie, so dieses nicht schon beim Züchter geschehen ist, Ihren Mops gegen

- Staupe
- Hepatitis
- Parvovirose
- Leptospirose
- Zwingerhusten

impfen.

In der zwölften Lebenswoche kommt es zu einer Wiederholungsimpfung und zusätzlich lassen Sie ihn gegen

- Borreliose
- Tollwut

impfen.

Diese Impfungen sollten Sie später jährlich auffrischen lassen. Ihr Tierarzt wird Sie gerne beraten. Ich erkläre hier einmal kurz im Überblick die Erkrankungen, gegen die eine Impfung schützen soll:

Staupe
der Virus befällt den Magen/Darm , die Lunge und Nerven. Es kommt zu Durchfall, einer Lungenentzündung, sowie Krämpfen und Lähmungen. In den meisten Fällen verläuft die Staupeerkrankung tödlich. Möpse, die diese überleben, leiden jedoch oft lebenslang unter ihren Folgen.

Hepatitis
es handelt sich um eine ansteckende Leberentzündung. Die Symptome ähneln denen der Staupe. Der Mops ist appetitlos, hat Fieber und Bauchschmerzen. Bindehautentzündungen und Hornhauttrübungen zeigen sich. Es kann zu einem plötzlichen Leberversagen kommen, an dem der Mops, besonders ein Welpe, sterben kann.

Parvovirose
Diese Krankheit wird durch Viren übertragen, die besonders widerstandsfähig sind. Sie überleben Monate oder sogar Jahre in der Umwelt und werden nicht nur von Hund zu Hund, sondern auch über den Menschen oder leblose Gegenstände übertragen. Erbrechen, Fieber, wässriger, schleimiger oder blutiger Durchfall treten auf. Die Erkrankung kann rasend schnell verlaufen und innerhalb von Stunden zum Tod durch eine Herzmuskelentzündung führen.

Leptospirose
Für diese, auch „Stuttgarter Hundeseuche" genannte, bakterielle Erkrankung gelten Ratten, Mäuse, Hunde und andere Tiere als Übertragungsquellen. Aber auch in Tümpeln, Gräben oder Pfützen ist dieses Bakterium aufzufinden. Die Krankheit kann auch auf Menschen übergehen. Befallene Möpse sind abnorm müde und ihr Gang ist schwankend. Später zeigt sich beim Hund Durchfall bzw. Erbrechen und Fieber. Das Futter wird verweigert. Es kommt zu Leber- und Nierenentzündungen bis hin zum Nierenversagen.

Zwingerhusten

Verschiedene Erreger, insbesondere Bordetellen und das Parainfluenza-Virus gelten als Verursacher dieser Krankheit. Jedoch können auch Durchzug sowie Feuchtigkeit verantwortlich sein oder fremde Hunde die Krankheit durch Ansteckung eintragen. Es zeigen sich Atemwegserkrankungen, wie Nasen- bzw. Augenausfluß, begleitet von quälendem, trockenen Husten. Unbehandelt verschlimmert sich der Zustand des betroffenen Mopses bis hin zur Lungenentzündung. Die Behandlung kann sich über mehrere Wochen hinziehen.

Borreliose

Erreger dieser Erkrankung sind winzige, spiralförmige Erreger, die durch Zeckenbisse übertragen werden. Anfänglich zeigen sich Mattigkeit, Appetitlosigkeit und Fieber, wie sie bei Infektionskrankheiten auftreten. Danach auftretende Gelenkentzündungen mit schmerzhaften Schwellungen lassen den Mops lahmen. Die Behandlung dieser Erkrankung, bei der auch andere Organe, wie das Herz oder die Nieren geschädigt werden können, ist möglich, jedoch sehr langwierig. Oft liegt die Übertragung durch die Zecke schon Tage oder Wochen zurück.

Tollwut

Der Tollwutvirus überträgt sich durch den Biss eines infizierten Fuchses auf den Mops. Das Nervensystem wird geschädigt. Aggressivität, Wesensveränderungen und Lähmungserscheinungen sind die Folge. Im weiteren Verlauf der Erkrankung kommt es zu fortschreitende Unruhe, Gleichgewichtsstörungen, Lähmungen, Krämpfen und letztlich zum Tod. Der Mensch wird in den meisten Fällen durch den Biss seines infizierten Mopses angesteckt. Aufgrund dieser Gefahr gehört die Tollwut zu den anzeigepflichtigen Seuchen. Behandlungsversuche beim infizierten, wie auch bei einem Hund, bei dem Tollwut-

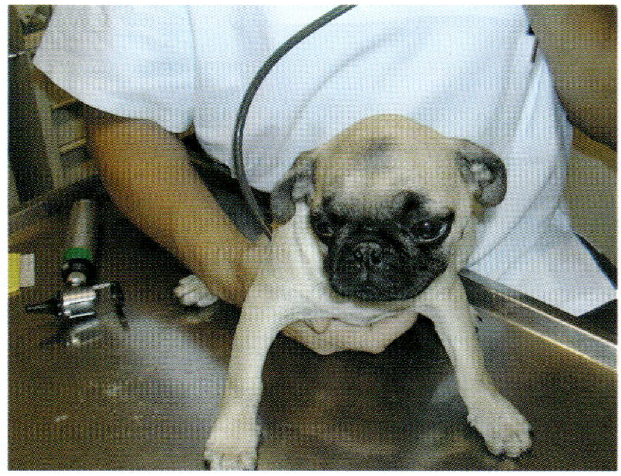

Zunächst wird der kleine Mops gründlich untersucht. Ein einfühlsamer Tierarzt nimmt sich viel Zeit dafür, damit sich der Welpe nicht unnötig aufregt und er die Klinik oder die Praxis in angenehmer Erinnerung behält.

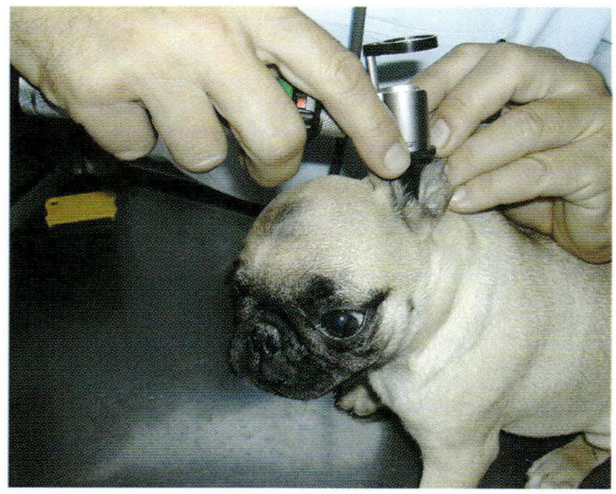

Hier wird das Ohr untersucht. Der Mops nimmt es gelassen hin, denn die Hände des Untersuchers haben ihn zuvor ausgiebig gestreichelt.

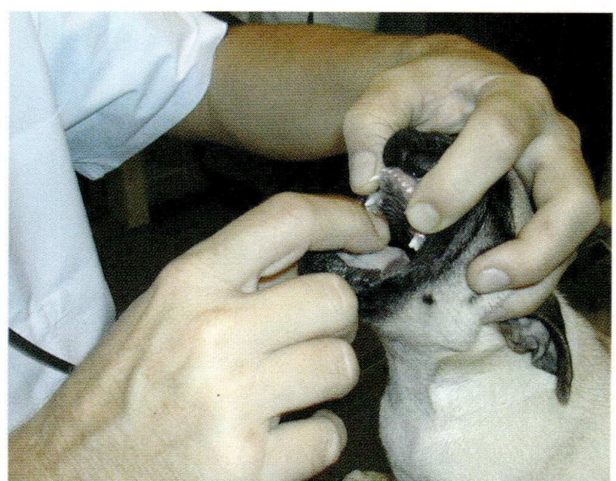

Sicher wundert sich der Welpe, warum er hier sein Schnäuzchen geöffnet bekommt, kommt doch kein Leckerli nach – doch auch der Rachenraum muss begutachtet werden.

verdacht besteht, sind verboten. In diesem Fall kann die Tötung angeordnet werden. Dieses geschieht nicht, wenn Ihr Mops nachweislich gegen die Tollwut geimpft wurde.

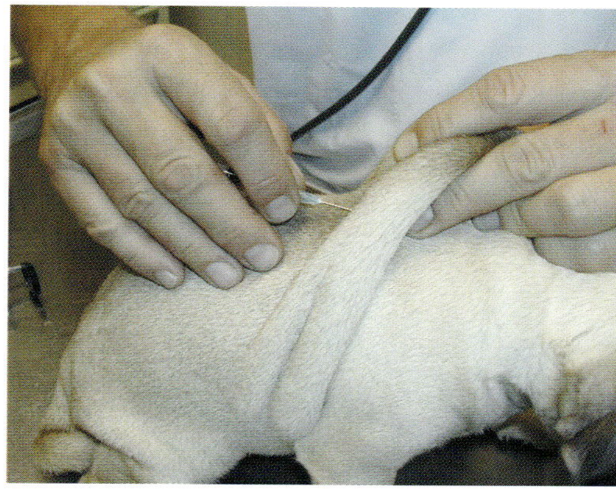

Ein kleiner Pieks und schon ist alles vorbei. Der kleine Patient ist nun der Ansicht, der Herr Doktor hätte ihn zufällig und unbeabsichtigt beim Kraulen ein wenig hart angefasst.

Für diese Bilder bedanke ich mich bei Herrn Dr. H.H. Albers, tierärztliche Klinik in 32278 Kirchlengern, der unsere Möpse nun schon jahrelang kompetent und liebevoll betreut. Der Mopswelpe auf diesen Bildern verdankt sein Leben seinem Eingreifen unter dessen Geburt.

Mopsminiaturen aus Amerika.

Mein Mops

Hier können Sie ein Foto Ihres Welpen einkleben!

Name des Hundes

Geburtstag

Besitzer

Adresse / Telefon

Zuchtbuchnummer / Täto-Nr.

Art.-Nr.: SD-1…
-070040-101135

Chargen-Nr.: 59549
Breite: 70 mm